出土文献
与早期中国思想世界
王中江 主编

国家出版基金项目
NATIONAL PUBLICATION FOUNDATION

出土文献的学派判定

李锐 著

中国人民大学出版社
·北京·

总　序

　　刻画早期中国文明特征，已有的青铜时代、轴心时代等符号富有象征性。出土的大量简帛文献、文本带来的认识早期中国文明的新契机、新信息，会将人们带到一个具有许多不同可能的想象中。至少从商周到秦汉这一纵贯多个朝代的历史时期，是不是也可以叫作简帛时代呢？客观和公允的回答应说"是"而不应说"否"。这是一个普遍使用竹简、木牍、缣帛进行书写和记载的时代。早期中国的文明、历史、语言、思想等精神创造，除了有限的甲骨文、金石文外，都永恒地留在了简帛和木牍的记忆世界中。

　　相较于甲骨学、敦煌学，简帛学、简牍学因其实物仍源源不断地从地下发现和出土而更加生机勃勃。依据《尚书》记载的"惟殷先人，有册有典"，张政烺先生推测，中国先人将竹简作为书写材料的历史非常悠久。我赞成这一推测，尽管我们发现战国之前的竹简实物还比较少。"册""典"这两个字，清晰地显示了它们的象形身影。

　　从 19 世纪末特别是从 20 世纪 70 年代以来，银雀山汉简、马王堆帛书、定州汉简、睡虎地秦简、郭店楚简、上博楚简、清华藏战国简、北大藏汉简、岳麓书院藏秦简、海昏侯墓汉简等先后问世，至少在扩大和深化早期中国文明（包括文献、政治、法律、语言、古文字、思想及哲学等）的认知上，意义非凡。如果接受默证法，即没有看到的就是不存在的，这些新出土的简帛文献莫非都是无中生有的神话？

简帛文献除了像《周易》《老子》《论语》等传世本外，大多数是千古未知的佚文。即使像《黄帝四经》《五行》，虽然有相应的记载，但它们的真面目过去一直是个谜。它们重见天日，完全称得上是奇迹。我不想夸大出土简帛文献的重要性，但也决不认可卑之无甚高论的意识。子学传世文献与简帛佚文之间的关系，也许可以用早期中国哲学、思想的主流与支流的关系来解释。流传下来的一般来说都是重要的，没有流传下来的也许不都是那么重要。除了"六经"，除了《国语》《战国策》《逸周书》等历史性文献，传世的《晏子春秋》《老子》《论语》《礼记》《墨子》《孟子》《公孙龙子》《庄子》《管子》《荀子》《韩非子》等典籍，代表的可谓是早期中国哲学和思想的主流。而战国简多为佚文，不管多么重要，相对来说它代表的或许主要是早期中国哲学和思想的支流。

对于早期中国子学传世典籍和新出土的文献，用单一的方法，用单一的概念，用单一的理由，用单一的假定，用单一的例子，去判断和定位它们的早和晚、前和后，既草率又傲慢。《老子》一书在春秋晚期就被叔向引用，在战国时代又多被引用，那么多的早期典籍记载着老子、老聃之名，仍有人振振有词，怀疑《老子》其书和老子其人的真实性，不知这是什么实证方法。单凭《史记·老子韩非列传》中记载太史儋、老莱子是当时的一个传说，不管司马迁是不是相信这个传说，也不管《史记》中其他地方对老子（除列传十一处，还有十二处）、老氏（一处）、黄老（十一处）的记载，就将老子其人变成一个传说。说"三十辐共一毂"只是战国时期车辆轮辐的标准，不管车辆的复杂演变和春秋时期二十八辐的车轮已成为车轮的一种基本标准，且在战国时期也很通行，将《考工记》中记载的"轮辐三十"断定为只是指战国时期的车轮，以此判断《老子》只能出于战国时期，不知这是一种什么论证和求证方法。说周秦古书不是一时一地之物，而是不断增加和附益的结果，如果这主要是指书的内容，那么将这一种情形普遍化，就不知这是一种什么推论方法。

对于出土简帛文献的哲学和思想研究，海内外学界已经有许多积累了。不断扩展和深化这一前沿与交叉领域的研究，需要我们借助新视角、新眼光和新方法，需要我们为其中的各种疑问、疑难和疑点寻找解决的突破口。这一丛书是这一追求和努力的一部分，每部著作都独立从不同方面尝试深化这一领域的研究。它是由我主持的国家社科基金重大项目"出土简帛文献与古代中国哲学新发现综合研究"成果的又一系列，是各位同道精心合作和合力的结果。它的出版令人欣慰和愉悦。希望它能成为这一领域研究的新的出发点。感谢中国人民大学出版社刊行这一丛书，感谢王琬莹女士的精心策划和各位责任编辑付出的辛劳。

王中江

2023 年 3 月

目　录

第一章　信阳楚简索隐	1
第一节　字形与文意	2
第二节　"君子"的问题	9
第三节　残简编联	11
第二章　仁义礼智圣五行的思想渊源	14
第一节　学派歧见	14
第二节　关键问题	22
第三节　五行与《洪范》	24
第四节　尚土五行说的流衍	30
第五节　《五行》的学派	35
第六节　相关学说	37
第三章　论帛书《二三子问》中的"精白"	40
第一节　所谓黄老思想的问题	40
第二节　"精白"的问题	43
第三节　孔子与"精白"	47
第四章　《易传》道家说质疑	50
第一节　对"《易传》道家说"之论证的质疑	52
第二节　对"道家"名目的质疑	60

第三节　结语　　　　　　　　　　　　　　　　　63

第五章　秦简《为吏之道》思想主体分析　　　　　　65
　　第一节　学派歧见　　　　　　　　　　　　　　66
　　第二节　学派判定中的问题　　　　　　　　　　72
　　第三节　对《为吏之道》的分析　　　　　　　　74

第六章　郭店楚简《穷达以时》再考　　　　　　　　79
　　第一节　相关文献　　　　　　　　　　　　　　79
　　第二节　简文时代及学派的歧见　　　　　　　　87
　　第三节　深入分析　　　　　　　　　　　　　　93
　　第四节　晚出说的问题　　　　　　　　　　　　99
　　第五节　文本元素分析　　　　　　　　　　　　105
　　第六节　对"穷达"的分析　　　　　　　　　　109

第七章　论上博简《子羔》诸篇的分合　　　　　　　114
　　第一节　分篇与分章　　　　　　　　　　　　　117
　　第二节　《子羔》部分　　　　　　　　　　　　119
　　第三节　《孔子诗论》部分　　　　　　　　　　122
　　第四节　后续讨论　　　　　　　　　　　　　　125

第八章　论上博简《鬼神之明》篇的学派性质
　　　　——兼说对文献学派属性判定的误区　　　　130
　　第一节　《鬼神之明》的文本　　　　　　　　　132
　　第二节　《鬼神之明》与《墨子》　　　　　　　133
　　第三节　《鬼神之明》与儒学　　　　　　　　　135
　　第四节　司马迁之说　　　　　　　　　　　　　139
　　第五节　学派判定中的问题　　　　　　　　　　141

第九章　上博简《慎子曰恭俭》的学派属性研究　146
　　第一节　文本整理　146
　　第二节　《慎子曰恭俭》的学派　148
　　第三节　慎到的时代　156
总结　对出土简帛古书学派判定的思索　163
　　第一节　学派的问题　166
　　第二节　实际运用中的误区　175
　　第三节　出土简帛古书的学派判定　179
　　第四节　复杂化与阙疑　183

第一章　信阳楚简索隐

河南信阳长台关的一号楚墓从出土发现（1957年）到现在已经半个多世纪。墓中出土的第一组竹简虽然残佚严重，却是近世第一部出土的战国古书，学者们一直对它倍加关注。竹简出土之初，可以释读的文字不多，主要是周公之语一段，李学勤先生当时指出它是儒家古籍[①]，得到了学界的认同。后来中山大学的先生们指出了周公一段残简与《墨子》的关系，但还是没有放弃儒家作品之说[②]；李学勤先生则据之详加考证，认为竹简属《墨子》佚篇[③]，又是几成定论。

有趣的是，李先生的弟子王志平先生后来发现，《孔子家语·好生》篇有文与周公之语接近[④]；而中山大学博士生杨泽生先生则在商承祚先生的研究基础之上，指出了简文中存在的"教学内容和年限，与一些儒家

[①] 参见李学勤：《信阳楚墓中发现最早的战国竹书》，载《光明日报》1957年11月27日。
[②] 参见中山大学古文字研究室楚简整理小组：《一篇浸透着奴隶主思想的反面教材》，载《文物》，第6期（1976年）：76～80页。
[③] 参见李学勤：《长台关竹简中的〈墨子〉佚篇》，见四川大学历史系：《徐中舒先生九十寿辰纪念文集》，1～8页，成都，巴蜀书社，1990。
[④] 参见王志平：《〈孔子家语〉札记》，见王元化主编：《学术集林》，第9卷，119～131页，上海，上海远东出版社，1996。

著作的记载大体相符"[①];在其博士论文中,杨先生再次讨论了竹简的学派问题,认为竹简属儒家作品。

后来李学勤先生在清华大学思想文化研究所开设"简帛佚籍与学术史演讲录"的课程,就信阳楚简专门讲了一次课,回顾了过去的研究情况,并对王志平、杨泽生二位先生的观点进行了评述,认为竹简可能不止一篇;周公与申徒狄答问一段,当属《墨子》佚篇。

近些年来郭店楚简、上博简的出版,使得人们对于战国楚文字更加熟悉。利用这些材料转而研究信阳简,已经有李零先生和上述杨泽生先生的文章,创获不少。笔者受诸位先生启发,再看信阳简,偶有些不成熟的看法,今不揣浅陋,提出来以就教于方家。

第一节 字形与文意

首先,简17、简24的字体似乎确实与其他文字不同,方折遒劲,与篇中其他较为典型的楚文字不同,看来竹简很有可能不止一篇,如"者"字:

简17　　简24　　简2

[①] 杨泽生:《信阳楚简第1组38号和3号研究》,见李学勤、谢桂华主编:《简帛研究二○○一》,1页,桂林,广西师范大学出版社,2001。

但是简文字形与简 17、简 24 相近者较少，其余的字书法风格较为接近，竹简看来似乎至少可以分为两种。

在与简 17、简 24 书法风格不同的简文中，李零先生曾经在考释中指出：

21．……才。子是（？）闻于……X.1-036；S.3

案："才"，原作"才"，下有句读符号。"是"，也有可能是"夏"字。①

杨泽生先生也指出："残简有'子夏闻于'四字。'夏'字原文和上博简'[子]夏闻（问）于孔子'的'夏'字相同，过去释作'是'字是不对的；'闻'字也应该和上博简一样读为'问'，问的对象似乎应该是子夏的师长一辈而不会是墨子"②。

二说所言"夏"字的释读，关系重大。此字形状如图一：

图一　　图二　　图三　　图四　　图五　　图六　　图七

简文字形不是很清楚，商承祚先生摹本如图二③，它们与通常所见

---

① 李零：《长台关楚简〈申徒狄〉研究》，见张政烺先生九十华诞纪念文集编委会：《揖芬集——张政烺先生九十华诞纪念文集》，315 页，北京，社会科学文献出版社，2002。"X"表示信阳简，"S"表示商承祚先生所编简。李文曾发表于"简帛研究网"2000 年 8 月 8 日。
② 杨泽生：《战国竹书研究》，55 页，广州，中山大学出版社，2009。
③ 参见商承祚：《战国楚竹简汇编》，摹本简 3，143 页，济南，齐鲁书社，1995。

的楚文字"是"字（见图三，郭店楚简《老子》简3），以及同篇简X.1-028（S.46）之"是"字（见图四）①相比较，字形明显不类。"是"字所从"止"的左弧笔都在右弧笔之下作"㇆"，而图一、图二与之相反作"㇇"。上博简《民之父母》篇开头"〔子〕夏闻（问）于孔子"的"夏"字（见图五），下半从"它"，"它"形作"㇗"，头部很尖，信阳简则是一比较平的弧笔（图六所示郭店楚简《唐虞之道》简13也是作比较平的弧笔，字的写法稍有不同，从"虫"，古文字中作偏旁时从"虫"与从"它"常常区别不大）；但是上博简《民之父母》中"夏"字（见图五）呈"㇗"形的部分，与"㇇"稍近，因为其最后一笔折一下的写法，常见于楚文字中，如图七所示江陵天星观一号墓遣策简，其下部便如此："㇔"。因此信阳简此字确有可能本当是"夏"之形，稍有讹。

　　总之，从字形来看，简文不可能是"是"字，很可能是"夏"字。从文意上来看，读为"子夏"很通顺。杨泽生先生认为"子夏闻于"，就是"子夏问于"，说是。此处"子夏问于"的对象，虽然因竹简残缺极为严重，无法确认，但最可能的对象，应该是孔子。其前的"哉"字"下有句读符号"，看来与此处子夏问的内容有别，当是另一篇的内容。这也就是说，很可能在与简17、简24书法风格不同的简文中的内容，也应该至少分为两篇。

---

①　摹本见商承祚：《战国楚竹简汇编》，摹本简46，150页。此字系商先生拼接而成，稍有残损，滕壬生《楚系简帛文字编》第132页摹写有误。

信阳简残断严重，难以通读其文。不过王志平先生曾发现《孔子家语·好生》中有：

> 孔子谓子路曰："君子而强气，而不得其死；小人而强气，则刑戮荐蓁。"

与简文中周公的话接近；而且王先生也指出，"这段话与有关孔子的其他记载是能够相吻合的"①。因此，我们不能因为学者们倾向于认为《孔子家语》晚出，而怀疑这句话的可靠性。看来有可能是孔子比较熟悉周公和申徒狄对话的故事，引用周公之语来教训子路。当然，这里的周公诚如李学勤先生曾经指出的，并非西周开国的周公旦；孔子也很可能并不同意这位周公的话，因为孔子是因材施教，所以孔子拿周公的话来警戒子路并无不可。在竹简记载有周公的简文中，有一处作：

> ……而君天下。吾闻周公……X.1-012；S.13

"吾闻周公"云云，应当不是周公或者申徒狄的话，否则成为主角自己转述故事，这种文体先秦少见。"吾闻周公"云云，恐怕也不可能是某人听到周公旦的故事，而与此处申徒狄和周公的对话不相关，因为有一处残简有：

> ……天下，为之如何？答曰：狄 X.1-09；S.30……

---

① 王志平：《〈孔子家语〉札记》，见王元化主编：《学术集林》，第9卷，123页。

所谈的也是关于"天下"的问题，不难增补为"[君]天下，为之如何"。答文中有"狄"字，当是申徒狄作答（详后文）。所以"吾闻周公"应当是某人听闻"周公"如何如何；其"闻周公"云云，应该就是周公与申徒狄的一段对话。这有两种可能，一是子夏因听闻这一件事而问孔子；一是孔子以听闻到的这一事例来答子夏。笔者倾向于后一种设想。

首先，问者听闻而有疑，多开门见山地表示出来，如《论语·述而》：

> 陈司败问："昭公知礼乎？"孔子曰："知礼。"
> 孔子退，揖巫马期而进之，曰："吾闻君子不党，君子亦党乎？君取于吴，为同姓，谓之吴孟子。君而知礼，孰不知礼？"

又如《孔子家语·哀公问政》：

> 宰我问于孔子曰："吾闻鬼神之名，而不知所谓，敢问焉。"

答者倒多将"吾闻"放在句中，以作为言语的补充，如《孔子家语·好生》：

> 孔子常自筮其卦，得贲焉，愀然有不平之状。子张进曰："师闻卜者得贲卦，吉也，而夫子之色有不平，何也？"孔子对曰："以其离耶。在《周易》，山下有火谓之贲，非正色之卦也。夫质

也,黑白宜正焉,今得赤,非吾兆也。吾闻丹漆不文,白玉不雕,何也?质有余,不受饰故也。"

笔者倾向于认为引述申徒狄故事的人是孔子,还因为《韩诗外传》卷一第二十六章有:

申徒狄非其世,将自投于河。崔嘉闻而止之曰:"吾闻圣人仁士之于天地之间也,民之父母也。今为濡足之故,不救溺人,可乎?"申徒狄曰:"不然。昔桀杀关龙逢,纣杀王子比干,而亡天下。吴杀子胥,陈杀泄冶,而灭其国。故亡国残家,非无圣智也,不用故也。"遂抱石而沉于河。君子闻之曰:"廉矣。如仁与智,则吾未之见也。"《诗》曰:"天实为之,谓之何哉!"

《新序·节士》略同。不难发现,此处的"君子闻之曰"之语,与传世所见孔子之语很接近,《论语·公冶长》载:

子张问曰:"令尹子文三仕为令尹,无喜色;三已之,无愠色。旧令尹之政,必以告新令尹。何如?"子曰:"忠矣。"曰:"仁矣乎?"曰:"未知,焉得仁?"

"崔子弑齐君,陈文子有马十乘,弃而违之。至于他邦,则曰:'犹吾大夫崔子也。'违之。之一邦,则又曰:'犹吾大夫崔子也。'违之。何如?"子曰:"清矣。"曰:"仁矣乎?"曰:"未知,焉得仁?"

孔子评价别人，不轻易许以仁和智。而《左传》中的"君子曰"，有的就是孔子之语，如襄公三年：

> 君子谓："祁奚于是能举善矣。称其仇，不为谄。立其子，不为比。举其偏，不为党……唯善，故能举其类。《诗》云：'惟其有之，是以似之。'祁奚有焉。"

《新序·杂事一》略同。而《吕氏春秋·去私》载：

> 孔子闻之曰："善哉，祁黄羊之论也！外举不避雠，内举不避子。"

杨向奎先生指出："祁黄羊即祁奚，两书记载虽然有些不同，而祁奚之得称赞如一。"[①] 此外，《荀子·不苟》篇有：

> 君子行不贵苟难，说不贵苟察，名不贵苟传，唯其当之为贵。故怀负石而赴河，是行之难为者也，而申徒狄能之；然而君子不贵者，非礼义之中也。

而荀子所推崇的君子，就是仲尼、子弓。所以《韩诗外传》这一段中的"君子闻之曰：'廉矣。如仁与智，则吾未之见也'"，极有可能就是孔子之语。

---

① 杨向奎：《中国古代社会与古代思想研究》，306页，上海，上海人民出版社，1964。

第二节 "君子"的问题

如果此处"君子"的话真与孔子之语相关，那么申徒狄的年代应当在孔子之前。关于申徒狄的年代，孙诒让据"《御览》八百二引有和氏之璧语，又《韩诗外传》一及《新序·节士》篇，并云'申徒狄曰：吴杀子胥、陈杀泄冶而灭其国。'则狄非夏、殷末人可知。疑韦说近是"①，基本同意《史记索隐·鲁仲连邹阳列传》所引韦昭的"六国时人"的看法。

实际上，和氏之璧的年代，有异说。然据《韩非子·和氏》等书记载，比较可考的说法应该是在楚武王、楚文王前后②，当公元前 740 年至前 677 年前后；陈杀泄冶，在鲁宣公九年，当公元前 600 年，陈亡国是在楚灵王八年，公元前 533 年，后有楚平王复陈之事，公元前 479 年楚灭陈；吴杀子胥在吴王夫差十二年，公元前 484 年，吴亡国在公元前 477 年。而孔子卒于公元前 479 年，不及见吴亡，申徒狄说到吴亡，似乎应该晚于孔子。

但是，古人所说的故事，多有附益和传闻异辞的情况，我们需要认真辨别。有关孔子厄于陈、蔡的故事中，《荀子·宥坐》记有比干、关龙逢之事以及"吴子胥不磔姑苏东门外乎""句践霸心生于会稽"，《韩诗外传》卷七记比干以及伍子胥"抉目而悬吴东门"，《说苑·杂言》《孔子家语·在厄》并记伍子胥、句践之事，《吕氏春秋·慎人》、马王堆帛书《缪和》、《风俗通义·穷通》并记句践生霸心之事。孔子困于陈、蔡，当公元前 489 年，而吴杀子胥在吴王夫差十二年，公元前 484 年；所论

---

① 孙诒让：《墨子间诂》，608 页，北京，中华书局，2001。
② 参见陈奇猷：《韩非子新校注》，272 页，上海，上海古籍出版社，2000。

"句践霸心生于会稽"之事,很明显是针对公元前473年越灭吴而言,而孔子卒于公元前479年,不及见吴亡。这说明,有关孔子的故事,到《荀子》中就已经出现了附益。①

伍子胥的故事,与关龙逢、比干的情形接近,这可能是因传闻而附益造成的。因此,笔者倾向于认为,《韩诗外传》和《新序·节士》所记申徒狄提到伍子胥之事,也是后人的附益;而"君子曰"很可能是源于孔子的话。

杨泽生先生已经指出:"根据竹书11号残简'岂弟君子'后面残存的笔画和楚地出土竹简、帛书'民'字的写法,其后必是《诗·大雅·洞酌》'岂弟君子,民之父母'之'民之父母'无疑,而上博简《民之父母》篇里子夏所问之诗也正是这一句。"② 则该简可补为:

……[《诗》]不云乎?"岂弟君子,民〔之父母〕"……X.1-011;S.10

《礼记·孔子闲居》篇载:

孔子闲居,子夏侍。子夏曰:"敢问《诗》云:'岂弟君子,民之父母。'何如斯可谓'民之父母'矣?"

相近篇章又见于《孔子家语·论礼》,孔子答以民之父母如何如何。

---

① 参见拙作《郭店楚简〈穷达以时〉再考》,见本书。
② 杨泽生:《战国竹书研究》,55页。

笔者发现，前引《韩诗外传》中崔嘉所说的"吾闻圣人仁士之于天地之间也，民之父母也"，如果用诗文来说，就是"岂弟君子，民之父母"。简文"[《诗》]不云乎"，显然是反诘语气，有可能是周公引这句《诗》以问申徒狄；但也有可能是孔子引《诗》评申徒狄，而子夏隔日于孔子闲居时就问这一句话的意思。此外，笔者在信阳简中发现不少论君子的残简，猜想应该是孔子引《诗》评申徒狄称不上君子，子夏就问何如而可谓君子，于是孔子就答复以一段君子品格的话。

第三节　残简编联

商承祚、杨泽生先生所指出的论教育的话，笔者怀疑也与君子的培养、教育有关，可能也是答问中的话。如此我们可以按照意群，将残简试为编联如下：

……哉。子夏问于 X.1-036；S.3 [孔子（？）曰：]……

……君天[下]？[孔子曰：]……X.1-114；S.64

……而君天下。吾闻周公……X.1-012；S.13

……[君]天下，为之如何？答曰：狄……X.1-09；S.30① ……

---

① "答"，简文作"肙"，陈伟等《楚地出土战国简册 14 种》从朱德熙、裘锡圭、李家浩《望山1、2号墓竹简释文与考释》之说："'答'之古文作'肙'，应即由'肙'讹变。信阳一〇九号简'……为之女（如）可（何）？肙曰'，'肙曰'即'答曰'。"李家浩《从曾姬无恤壶铭文谈楚灭曾的年代》文于"答曰"后补一"易"字。商承祚摹本以为"易"字左半尚有笔画，陈伟等《楚地出土战国简册 14 种》未补。李学勤《长台关竹简中〈墨子〉佚篇》读"易"为"狄"。李零《长台关楚简〈申徒狄〉研究》指出："'下''为'二字间为第二道编绳所在。"按：简文"天下"前疑可补"君"字。李家浩补"易"字可从。

……之闻之也，□有……X.1-030+058；S.37

……君［天下］。周公愀然作色曰：狄！夫贱人格上，则刑戮至，刚 X.1-01；S.2 ［恃则刑戮荐蓁］……

……狄之闻之于先王之法也，X.1-07；S.24

……贱何 X.1-064；S.5 ［可薄也？……］

……可阻乎？夫……X.1-062+068；S.7 上

……［周］公曰：狄，夫贱人刚恃而及于刑者有上贤，……X.1-2；S.1 下

……吾岂知哉！夫周……X.1-014；S.1 上

……□君子。古昔……X.1-087；S.11

……［《诗》］不云乎："岂弟君子，民［之父母］"……X.1-011；S.10

……［不］退傲词而欲贵……X.1-026+067；S.19

简文大意可能是子夏问孔子有关"君天下"的问题，孔子答以问申徒狄之语，申徒狄可能谈到多用贱人中的贤者，使得周公大怒，说"贱人格上，则刑戮至"，申徒狄就提到先王之法只在于多用贤人，并无贵贱之别，于是周公就感叹贱人中也有上贤，但又认为这些人太傲。其下，可能便论及君子是如何培养教育而成的，君子之道何其高贵：

……毋〈母〉教之七岁。……X.1-038；S.28

……□，学书三岁，学言三岁，学射与御［□岁］……X.1-03；S.29

……君子之道，必若五谷之全，三……X.1-05；S.8

［君］子之道……X.1-063；S.9

申徒狄则答以今之卿大夫过去曾是民众，而民众过去曾是三代贵族的子孙，贵族与民众的身份是相互转化的。

……乃劾。今卿大夫 X.1-032；S.27

……民，则亦皆三代之子孙，夫贵……X.1-06；S.40

信阳简中，还有其他的内容，但竹简残损太过严重，目前还无法全部编联。以上所编联的三段，也只是笔者根据大体相近的意群和可能的情景所作的编联。如果这些部分确有联系，那么简文中的大部分内容，就是孔子与子夏问答的过程中所谈到的话题。而即便这些部分没有太多的联系，那么由子夏问和论君子的内容，我们也会较倾向于认为这一批竹简中目前所剩的大部分内容，属于儒学作品。

《墨子》或《墨子》佚篇中有申徒狄与周公的答问，并不奇怪。因为申徒狄的事迹，当时传闻很广，又墨子早年学于儒门，早期儒墨之间，尤其是子夏弟子与墨家弟子之间，交往颇多，所以墨家听到这些事迹是完全有可能的。

附记：安大简中有关于申徒狄的内容，尚未公布。本章主要讨论学派问题，有关编联只是推测，当以安大简为准。

第二章　仁义礼智圣五行的思想渊源

自马王堆汉墓帛书本《五行》发表以来，庞朴等学者先后对其作了重要的研究，取得了很大的成就。令人兴奋的是，在郭店楚墓竹简中，又出土了竹简本《五行》。两种《五行》有所不同，相关的讨论文章层出不穷，《五行》研究可谓已经形成了一个专门的领域。但是，关于仁义礼智圣五行思想的主要阐述者和时代，学界依然存在较大的争议，值得我们进一步探索。

第一节　学派歧见

关于《五行》的学派和时代，就笔者陋见所及，主要有以下一些观点。对于帛书《五行》：

1. 韩仲民先生认为作者是子思、孟轲学派的门徒。[1]
2. 庞朴先生认为是"孟氏之儒"或"乐正氏之儒"的作品。[2]

---

[1] 参见晓菡：《长沙马王堆汉墓帛书概述》，载《文物》，第9期（1974年）：41页。晓菡即韩仲民先生的笔名。

[2] 参见庞朴：《马王堆帛书解开了思孟五行说之谜——帛书〈老子〉甲本卷后古佚书之一的初步研究》，载《文物》，第10期（1977年）：69页。

3. 日本学者岛森哲男认为《五行》受到荀学思想影响。[①]

4. 裘锡圭先生认为是孟轲学派的作品。[②]

5. 后来出版的帛书《五行》释文，只谈孟轲学派。[③]

6. 日本学者影山辉国不同意庞朴之说，认为帛书《五行》不是思孟五行。[④]

7. 李学勤先生认为是思孟一派著作，但未必反映思孟五行说的全体；子思创五行说。[⑤]

8. 魏启鹏先生认为是战国前期子思之儒的作品。[⑥]

9. 龙晦先生认为作者晚于世子，略早于子思。[⑦]

10. 杜正胜认为帛书"《五行》篇和《新书·六术》《新书·道德说》相通，这部古书或许受战国晚期道家德论、气论的影响，也有荀学的痕迹。它重视心，表现儒家的基调，与荀子并不相悖，但若说是思孟学派

[①] 参见岛森哲男：《马王堆出土儒家古佚书考》，见《东方学》，第 56 辑，1978。转引自黄俊杰：《马王堆帛书〈五行〉篇"形于内"的意涵——孟子后学身心观中的一个关键问题》，见杨儒宾主编：《中国古代思想中的气论及身体观》，台北，巨流图书公司，1993。

[②] 参见裘锡圭：《马王堆〈老子〉甲乙本卷前后佚书与"道法家"——兼论〈心术上〉〈白心〉为慎到田骈学派作品》，见《古代文史研究新探》，555 页，南京，江苏古籍出版社，1992。

[③] 参见国家文物局古文献研究室编：《马王堆汉墓帛书（壹）》，24～25 页，北京，文物出版社，1980。

[④] 参见影山辉国：《思孟五行说——その多样なる解释の庞朴说》，见《东京大学教养学部·人文科学纪要》，第 81 辑，1985。转引自黄俊杰：《马王堆帛书〈五行〉篇"形于内"的意涵——孟子后学身心观中的一个关键问题》，见杨儒宾主编：《中国古代思想中的气论及身体观》。

[⑤] 参见李学勤：《帛书〈五行〉与〈尚书·洪范〉》，见《简帛佚籍与学术史》，282、278 页，南昌，江西教育出版社，2001。原载《学术月刊》，第 11 期（1986 年）：37～40 页。

[⑥] 参见魏启鹏：《马王堆汉墓帛书〈德行〉校释》，105 页，成都，巴蜀书社，1991。

[⑦] 参见魏启鹏：《马王堆汉墓帛书〈德行〉校释》，序一 5 页。

之裔流，恐怕还得再找其他证据"①。

11. 日本学者池田知久先生在对《五行》全文进行译解的基础上，详细讨论了学派问题，批评庞朴先生的证据，认为《五行》晚至汉代。②

12. 黄俊杰先生认为虽然《五行》受荀学的影响，但是它所继承的基本上仍是孟子心学的传统，《五行》是孟子后学的作品。③

13. 杨儒宾先生认为是孟子后学所作。④

郭店楚简《五行》发表之后：

14. 李学勤先生认为帛书《五行》之经文为子思之说，传文乃世子之意而门人记之⑤，如此则郭店楚简之时代，《五行》已有传文，郭店楚简未录。

15. 庞朴先生认为帛书《五行》的经文部分"为子思或子思弟子所作，或大有可能"；说解部分，由思孟学派的弟子们完成于荀子的批评之后；他认为简帛的篇章差异"不是错简所致，不是手笔之误，也不像

---

① 杜正胜：《形体、精气与魂魄——中国传统对"人"认识的形成》，载《新史学》，第2卷第3期（1991年9月）：53页；《从眉寿到长生——医疗文化与中国古代生命观》，144页，台北，三民书局，2005。
② 参见池田知久：《马王堆汉墓帛书五行研究》，王启发译，北京，线装书局，2005。按：原著于1993年2月由东京汲古书院出版。
③ 参见黄俊杰：《马王堆帛书〈五行〉篇"形于内"的意涵——孟子后学身心观中的一个关键问题》，见杨儒宾主编：《中国古代思想中的气论及身体观》。
④ 参见杨儒宾：《儒家身体观》，修订2版，5～6页，台北，中研院文哲所，2003。
⑤ 参见李学勤：《从简帛佚籍〈五行〉谈到〈大学〉》，载《孔子研究》，第3期（1998年）：51页。

出自两个来源，而是理解上的不同"①。

16. 姜广辉先生认为郭店楚简《五行》为子思所作。②

17. 邢文先生认为郭店楚简《五行》有经无传，而帛书《五行》经传俱存，两者的区别，反映了不同的子思学派的流传。郭店楚简《五行》当更接近子思之说，帛书《五行》经传失落"圣智"大义，是世子之学。③

18. 丁四新先生认为：郭店楚简《五行》很可能是世子之作，帛书《五行》说解部分属其门徒之作。④

19. 李存山先生认为郭店楚简《五行》是子思（或"子思之儒"）的作品，帛书《五行》是"孟氏之儒"之别派的改编解说本。⑤

20. 王葆玹先生认为："楚简《五行》未提'水火金木土'这一点便可引向一个结论：《五行》一篇并非子思首唱之际的作品，而是子思后学关于子思五行说的总结，撰作时间应与《孟子》相当"，"《五行》不得早于《孟子》"。⑥

---

① 庞朴：《竹帛〈五行〉篇研究（引言）》，见刘贻群编：《庞朴文集》，第 2 卷，107～110 页，济南，山东大学出版社，2005；《竹帛〈五行〉篇比较》，见《中国哲学》，第 20 辑，221～227 页，沈阳，辽宁教育出版社，1999。
② 参见姜广辉：《郭店楚简与〈子思子〉——兼谈郭店楚简的思想史意义》，见《中国哲学》，第 20 辑，81～92 页。
③ 参见邢文：《〈孟子·万章〉与楚简〈五行〉》，见《中国哲学》，第 20 辑，228～242 页。
④ 参见丁四新：《郭店楚墓竹简思想研究》，167 页，北京，东方出版社，2000。
⑤ 参见李存山：《从简本〈五行〉到帛书〈五行〉》，见武汉大学中国文化研究院编：《郭店楚简国际学术研讨会论文集》，245～246 页，武汉，湖北人民出版社，2000。
⑥ 王葆玹：《郭店楚简的时代及其与子思学派的关系》，见武汉大学中国文化研究院编：《郭店楚简国际学术研讨会论文集》，64 页。

21. 池田知久先生认为:《五行》成于战国后期以孟子、荀子思想为中心,折中儒家及诸子百家思想的儒者之手[①];简帛篇章差异是因为郭店楚简《五行》有"马虎""含义不够十分通顺"的地方,马王堆帛书《五行》对其进行了修正。他也认为郭店楚简时《五行》已有传,但这恐是源于他认为郭店楚简时代很晚。

22. 周凤五先生认为《五行》是传自先秦、北宋以后逐渐散佚的《子思子》主体之一。[②]

23. 杨儒宾先生认为《五行》是子思学派的作品。[③]

24. 李景林先生赞同邢文之说,认为郭店楚简《五行》从思想结构上应接近于孔子,为子思"昭明圣祖之德"、绍述孔子思想之作。而帛书《五行》则接近于孟子,其说部在用语和思想上更接近于孟子。[④]

25. 高正先生认为:"'仁义礼智圣'五行,乃是思孟后学对子思学派《礼运》中的'五行'之说、孟子'仁义礼智'之说以及'六德'之说的进一步发展和综合发挥。"[⑤]

26. 叶国良先生则认为郭店楚简儒学作品"基本上可以承认属于曾

---

① 参见池田知久:《郭店楚简〈五行〉研究》,见《中国哲学》,第21辑,92~133页,沈阳,辽宁教育出版社,2000。
② 参见周凤五:《郭店竹简的形式特征及其分类意义》,见武汉大学中国文化研究院编:《郭店楚简国际学术研讨会论文集》,53~63页。
③ 参见杨儒宾:《子思学派试探》,见武汉大学中国文化研究院编:《郭店楚简国际学术研讨会论文集》,606~624页。
④ 参见李景林:《从郭店简看思孟学派的性与天道论——兼谈郭店简儒家类著作的学派归属问题》,见武汉大学中国文化研究院编:《郭店楚简国际学术研讨会论文集》,625~635页。
⑤ 高正:《郭店竹书是稷下思孟学派教材》,见北京师联教育科学研究所主编:《中国教育名家名作精读丛书》,第1辑,224~235页,北京,中国环境科学出版社,2006。

子、子思一系的著作"①。

27．刘信芳先生认为：《五行》的思想根源，可以追溯到孔子与子游。其成文上限可以推至战国早期，作者未明。子思对《五行》之成书有一定程度的编纂与加工，郭店楚简《五行》二十三至二十六章属于"说"，有可能出自子思之手。帛书《五行》之传的作者乃世子之传人，"传"的撰成年代早于孟子时代，其下限略可断至与孟子同时。②

28．詹群慧女士认为《五行》是子思著述。③

29．葛志毅先生发挥李学勤先生之说，认为："即使简帛《五行》确为子思学派之作，也不能就此断定其为思孟五行说的全貌……若据简帛《五行》谓思孟五行仅指仁义礼智圣而言，是不完全正确的。"④

30．美国学者齐思敏指出，孔子弟子原宪也字子思，后人将他和孔子之孙混为一人，《孟子》受到了《五行》的影响，但是也有不同之处。⑤

31．笔者根据郑玄注中所保存的文献材料，说明仁义礼智圣五行说的思想渊源来自孔子。荀子以之为子思首创，应该是正确的。所谓"孟轲和之"，主要见于《孟子》中的仁义礼智"四端"说。仁义礼智圣五

---

① 叶国良：《郭店儒家著作的学术谱系问题》，见《中国哲学》，第24辑，226～250页，沈阳，辽宁教育出版社，2002。
② 参见刘信芳：《简帛〈五行〉述略》，载《江汉考古》，第1期（2001年）：76页。
③ 参见詹群慧：《郭店楚简中子思著述考》（上、中、下），"简帛研究"网，2003年5月19、21、24日。
④ 葛志毅：《简帛〈五行〉与子思之学考辨》，见《谭史斋论稿续编》，285～311页，哈尔滨，黑龙江人民出版社，2004。
⑤ See Mark Csikszentmihalyi（齐思敏），*Material Virtue: Ethics and the Body in Early China* (Leiden: Brill, 2004), pp.95–97, 111.

行说所依据的理论基础是后来式微的尚土五行说，因此在后世遭遇了理论危机。① 笔者还认为池田先生的论证前提存在一定的问题。②

32. 陈来先生提出《五行》经文为子思作，说文为孟子作之说③，但似乎未能提供有力的证据。

33. 陈耀森先生认为："竹简《五行》可信为本出子思的著作。而帛书《五行》的编纂者及'说'的作者，个人认为是荀子。"④

34. 梁涛先生认为《五行》属于《子思》。⑤

35. 谢君直先生则认为庞朴是"从反对者（荀子）来了解所谓思孟五行的主张，但是《非十二子》中并没有正面提出荀子所批评的'思孟五行'的内容，而是从外部来说思孟五行不是孔子学说的正统。再加上在流传至今的文献中，从未见过确切谈论思孟五行的文献，因此，从简帛《五行》来断定思孟五行的思想内容，甚至推测郭店楚简是子思学派的作品，在论证效力上我们应持保留态度"⑥。

---

① 参见拙作《仁义礼智圣五行的思想渊源》，载《齐鲁学刊》，第 6 期（2005 年）：19～25 页。
② 参见拙作《书评：池田知久〈马王堆汉墓帛书五行研究〉》，见韩国成均馆大学国际版《儒教文化研究》，第 7 辑，2007；《评池田知久著〈马王堆汉墓帛书五行研究〉》，见《新出简帛的学术探索》，172～180 页，北京，北京师范大学出版社，2010。
③ 参见陈来：《竹帛〈五行〉篇为子思、孟子所作论——兼论郭店楚简〈五行〉篇出土的历史意义》，载《孔子研究》，第 1 期（2007 年）：22～29 页。
④ 陈耀森：《论简、帛〈五行〉章句的重要差异——兼谈帛书〈五行〉篇"五行"的序列》，"简帛研究"网，2007 年 4 月 15 日。
⑤ 参见梁涛：《郭店竹简与思孟学派》，14～15 页，北京，中国人民大学出版社，2008。
⑥ 谢君直：《〈郭店楚墓竹简〉出版十周年之思想研究现况述评》，见《郭店楚简儒家哲学研究》，220～221 页，台北，万卷楼图书股份有限公司，2008。

此外，有学者将《五行》与《文子》的"四经"结合起来考虑。[①] 而郝乐为先生则认为以《五行》为荀子所批评的"思孟五行"证据不足，应该考虑到在马王堆帛书和郭店墓中它均与《老子》一起入葬。[②]

前十三说的提出，是在郭店楚简发表之前。我们知道，郭店楚墓的年代是公元前4世纪中期至公元前3世纪初，如果考虑到竹简有一个抄写、流传到楚地的过程，则其时代当更早。李学勤先生指出："郭店一号墓的年代，与孟子活动的后期相当，墓中书籍都为孟子所能见。《孟子》七篇是孟子晚年撰作的，故而郭店竹简典籍均早于《孟子》的成书。"[③] 这一观点得到许多学者的赞同。当然，也有学者对考古工作者的楚墓序列提出了质疑[④]，但是，这种质疑本身存在许多问题，难以成立[⑤]。池田知久先生则对《五行》《性自命出》《穷达以时》等篇，均从文献的关联出发，断定其年代颇晚。但是他以线性的先后排列相关文本的方法，可能存在问题（详见本书第六章"郭店楚简《穷达以时》再考"）。

[①] 参见王三峡：《〈文子〉与郭店楚简》，载《长江大学学报》（社会科学版），第3期（2004年）：1～6页；林亨锡：《变化中的道家思想——试论〈文子·道德〉篇的思想与马王堆帛书〈五行〉篇之关系》，见韩国中国学会：《中国学》，第22辑，2004。

[②] See Holloway, Kenneth W. （郝 乐 为）, "Guodian and Traditional Views of China," in *Guodian: the Newly Discovered Seeds of Chinese Religious and Political Philosophy* (New York: Oxford University Press, 2009), pp. 34-54.

[③] 李学勤：《先秦儒家著作的重大发现》，见《中国哲学》，第20辑，15页。

[④] 参见王葆玹：《试论郭店楚简各篇的撰作时代及其背景——兼论郭店及包山楚墓的时代问题》，见《中国哲学》，第20辑，366～389页；《试论郭店楚简的抄写时间与〈庄子〉的撰作时代——兼论郭店与包山楚墓的时代问题》，载《哲学研究》，第4期（1999年）：18～29页。

[⑤] 参见刘彬徽：《关于郭店楚简年代及相关问题的讨论》，见李学勤、谢桂华主编：《简帛研究二〇〇一》，47～54页。

因此，由马王堆帛书《五行》所推导出的《五行》作者晚于孟子诸说，皆难以成立。但是，学界对《五行》经文的作者或所属学派，依旧没有统一的意见，这一点仍有探讨的必要。而帛书《五行》中，传文[①]两引世子之语，也值得注意。

第二节　关键问题

我们都很熟悉《荀子·非十二子》中对子思、孟子的批判：

> 略法先王而不知其统，犹然而材剧志大，闻见杂博。案往旧造说，谓之五行，甚僻违而无类，幽隐而无说，闭约而无解，案饰其辞而祗敬之曰："此真先君子之言也。"子思唱之，孟轲和之，世俗之沟犹瞀儒，嚾嚾然不知其所非也，遂受而传之，以为仲尼、子游为兹厚于后世，是则子思、孟轲之罪也。

由此批判来看，子思（或子思学派）无疑最有可能是《五行》的始作者。但是有不少学者提出了不同的意见，除上举对《五行》作者有不同意见的几种观点外，赵光贤、任继愈等先生也对荀子所批评的五行为"仁义礼智圣"提出了质疑[②]；邢文认为思孟五行有两系[③]；陶磊认为子思

---

① 为便于区别，兹从李学勤、刘信芳等先生意见，以原俗称帛书《五行》之"说"的部分为"传"。
② 参见赵光贤：《新五行说商榷》，见《文史》，第 14 辑，341～346 页，北京，中华书局，1982；任继愈主编：《中国哲学发展史·先秦》，298 页，北京，人民出版社，1983。
③ 参见邢文：《帛书周易研究》，216～223 页，北京，人民出版社，1997。

五行是"仁礼义信强"①。

李学勤先生也曾指出《五行》未必反映思孟五行说的全体。李先生曾由上引《荀子·非十二子》得出五点推论，对我们考察仁义礼智圣五行与子思、孟子的关系颇有参考价值。其一，子思是五行说的始创者，"先君子"是指孔子，子思曾将此说上托于孔子之言；其二，五行说的创立，利用了某种思想文献；其三，五行说是一种包容广大的理论；其四，五行说当有费解的神秘性；其五，五行说必是思孟学说的一项中心内容。李先生认为这几点和帛书《五行》不能一一对应。

现在结合郭店楚简来看，要想弄清楚子思、孟子与仁义礼智圣五行的关系，必须要弄清楚以下几个问题，否则只能是悬案。

1.《五行》与孔子、子思其他作品及《孟子》的关系；

2. 仁义礼智圣与仁义礼智信以及其他五行说的关系；

3. 世子与《五行》的关系；

4. 荀子批评仁义礼智圣五行说的原因。

其中第四点，黄俊杰、廖名春、李景林、梁涛等先生已经有专文解说。②黄俊杰先生从"心""道"两个概念来说明思孟五行的特点，寻找荀子批驳五行的原因；廖名春先生指出"荀子所批判的思孟五行并不是

---

① 陶磊:《子思五行考》，"简帛研究"网，2001年1月21日。
② 参见黄俊杰:《荀子非孟的思想史背景——论〈思孟五行说〉的思想内涵》，载《台大历史学报》，第15期（1990年12月）：21～37页；廖名春:《思孟五行说新解》，载《哲学研究》，第11期（1994年）：62～70页；李景林:《思孟五行说与思孟学派》，载《吉林大学社会科学学报》，第1期（1997年）：42～48页；梁涛:《荀子对思孟"五行"说的批判》，载《中国文化研究》，第2期（2001年）：40～46页。

单纯指仁义礼智圣五种德行本身,而是指仁义礼智圣这五种德行出于人性的性善说";李景林先生认为荀子"是以天人之分批评思孟的天人合一";梁涛先生不同意以上观点,认为原因"在于五行概念体系与'形于内''不形于内'主张间的矛盾,尤其是荀子与思孟在仁、礼关系这一儒学基本问题上的分歧"。以上诸说各有独到之处,但是这些说法的成立,还依赖于荀子所批评的五行,确实是仁义礼智圣,在根本上与仁义礼智圣五行和子思、孟子的关系有关。

由于郭店楚简《五行》的出现,以往所认为的《五行》袭用《孟子》的说法,适可反之(这对于我们以文献判定古书年代的方法来说,值得认真反思)。然而毕竟今存《孟子》中并未出现直接称仁义礼智圣为五行的地方,最重要的《孟子·尽心下》"仁之于父子也,义之于君臣也,礼之于宾主也,知之于贤者也,圣人之于天道也,命也。有性焉,君子不谓命也"一段中,"圣人"的"人"字尚待定夺。因此,思孟五行说的关键,还是在于子思与仁义礼智圣五行的关系。

第三节 五行与《洪范》

就现存子思及其学派的作品与仁义礼智圣五行的关系,庞朴先生曾指出子思《中庸》"唯天下至圣,为能聪明睿知,足以有临也;宽裕温柔,足以有容也;发强刚毅,足以有执也;齐庄中正,足以有敬也;文理密察，足以有别也"一段，与仁义礼智圣对应。① 不过关于《中庸》与子思的关系，虽然《史记·孔子世家》明言"子思作《中庸》"，但是《中庸》中有"载华岳而不重""今天下车同轨，书同文，行同伦"两处话，后人据以推定时代颇晚。李学勤、廖名春等先生对此作出了解释。② 其实先秦诸子作品为学派之作，即便退一步讲，认为这两句话晚出，也不能遽定《中庸》的主题思想与子思无关。而且《汉书·艺文志》载有《中庸说》二篇，这说明《中庸》已有经的地位，应该形成较早。③

李学勤先生指出，仁义礼智圣五行、《中庸》"唯天下至圣"一段与《尚书·洪范》篇"初一曰五行，次二曰敬用五事"之"五事"有对应关系，认为子思五行说所依据的思想资料，是《尚书·洪范》。《洪范》的"五事"是："一曰貌，二曰言，三曰视，四曰听，五曰思。貌曰恭，

---

① 参见庞朴：《七十年代出土文物的思想史和科学史意义》，载《文物》，第5期（1981年）：60页。

② 参见李学勤：《〈易传〉与〈子思子〉》，载《中国文化》，第1期（1989年）：25～29页；廖名春：《思孟五行说新解》，载《哲学研究》，第11期（1994年）：62～70页。

③ 一直有学者认为今本《中庸》当分为两篇，比如梁涛先生认为"今本《中庸》上半部分应包括第二章到第二十章上半段'所以行之者一也'"，而且《中庸》第二章的'仲尼曰'，可能是子思看到人们对自己的言论表示怀疑，故在'撰《中庸》之书四十九篇'时，特意在其首篇首章标明'仲尼曰'三字，说明自己所记均为孔子之言，具有绝对的权威性，不容怀疑。而在以下《缁衣》等篇，也在其首章专门用'子言子'或'夫子曰'予以突出、强调，这就是今本《中庸》第二章出现一个'仲尼曰'的原因所在。由此也可以知道，原始《中庸》是从今本的第二章开始的，而第一章及后一部分是后来加上去的。《中庸》的这个'仲尼曰'，以前不被人们重视，而经过我们的分析，却成为今本《中庸》是两个部分的一条重要证据"。参见梁涛：《郭店楚简与〈中庸〉公案》，载《台大历史学报》，第25期（2000年）：25～51页。但是《上海博物馆藏战国楚竹书》（三）中的《中弓》（中弓，即仲弓）篇里所记仲弓与孔子问答时，"仲尼曰"与"孔子曰"交替出现，因此今本《中庸》第二章的"仲尼曰"，未必能作为分篇标志。

言曰从,视曰明,听曰聪,思曰睿。恭作肃,从作乂,明作哲,聪作谋,睿作圣。"李先生作比较如表2-1所示:

表2-1 《洪范》《中庸》《五行》比较表

	《洪范》	《中庸》	《五行》
土	思曰睿,睿作圣	聪明睿知,足以有临也	圣
金	听曰聪,聪作谋	宽裕温柔,足以有容也	仁
火	言曰从,从作乂	发强刚毅,足以有执也	义
水	貌曰恭,恭作肃	齐庄中正,足以有敬也	礼
木	视曰明,明作哲	文理密察,足以有别也	智

《洪范》的"五事"与"五行"是相配的,但是《中庸》"宽裕温柔,足以有容也"与"听曰聪""聪作谋"一项不相应。李先生认为这应该是由于"仁"的范畴出现较晚,在《洪范》的时期还不可能包括。李先生还指出,这时的五行尚未形成相生或相克的次序,而是与《国语·郑语》记周幽王时史伯的"以土与金、木、水、火杂"相同。①

李先生的这一发现非常重要,但是尚缺少能够证明其联系,尤其是子思发挥孔子思想提出仁义礼智圣五行的线索,所以他认为荀子的批评与《五行》不能一一对应。

不过笔者在郑玄的注中,发现了郑玄所见到的孔子论"圣"之语。在《尚书大传·洪范五行传》中,《洪范》的第五事"思"作"思心":

---

① 参见李学勤:《帛书〈五行〉与〈尚书·洪范〉》,见《简帛佚籍与学术史》,283~284页。庞朴先生认为《尚书·洪范》中是五者并列的五行说,《国语·郑语》是尚土说,稍晚。参见庞朴:《先秦五行说之嬗变》,见《稂莠集——中国文化与哲学论集》,450~476页,上海,上海人民出版社,1988。依《洪范》"五行"配"五事"来看,李先生说可从,详后。

"次五事曰思心。思心之不容，是谓不圣。"郑注："容，当为睿。睿，通也。心明曰圣，孔子说'休征'曰：圣者，通也。兼四而明，则所谓圣。圣者，包貌、言、视、听而载之以思心者，通以待之。君思心不通，则臣不能心明其事也。"①（《洪范》中的"休征"，帛书《五行》"传"中曾提及："明也者，智之藏于目者，明则见贤人。贤人而知之，智也，曰：何居？孰休征，此而遂得之，是智也。"）估计孔子之语只包括"圣者，通也。兼四而明，则所谓圣"一段，后面是郑玄的补充。《尚书大传·略说》又有"子曰：心之精神是谓圣"。而这段话在《孔丛子·记问》中明确记载是孔子答子思之语："子思问于夫子曰：'物有形类，事有真伪，必审之，奚由？'子曰：'由乎心。心之精神是谓圣，推数究理不以疑，周其所察，圣人难诸？'"

需要指出的是，虽然关于子思能否见到孔子以及《孔丛子》一书的出现时间尚有疑问，但是我们至少可以将《孔丛子》作为文献汇编来看，而且它有与《尚书大传》相同之语"心之精神是谓圣"可以对应，因此谓其是孔子之语还是可信的。这恐怕也就是荀子批评说"案饰其辞而祗敬之曰：'此真先君子之言也'"的原因。不论如何，孔子的这些话在后来还是有痕迹的，《白虎通·圣人》《说文解字》均以"通"释圣，《春秋繁露·五行五事》也有"思曰容"。此外，《论语·季氏》有孔子之语，表明孔子对"思"很重视："孔子曰：'君子有九思：视思明，听思聪，色思温，貌思恭，言思忠，事思敬，疑思问，忿思难，见得思

---

① 王闿运：《尚书大传补注》，66～67页，北京，中华书局，1991。

义.'"这说明《尚书大传》、郑注当非虚造。而且,传世文献中,孔子还有一些相关的话,不少学者已经论及。

可以看出,《洪范》中的"思心"与貌、言、视、听不只是并列的关系,而且思心为貌、言、视、听之载,思心通此四者,乃为圣。看重思心的作用,在《五行》中很明显,不但有"耳目鼻口手足六者,心之役也。心曰唯,莫敢不唯;诺,莫敢不诺;进,莫敢不进;后,莫敢不后;深,莫敢不深;浅,莫敢不浅",而且思心与仁义礼智圣的关系很密切,所谓"德之行"与"行"的区别,即在于仁义礼智圣是否形于内,而形于内者,可能就是形于心。庞朴先生已经引《周礼·地官·师氏》郑注为证:"德行,内外之称,在心为德,施之为行。"①《五行》中也有内证,如:"不仁,思不能清。不智,思不能长。……不圣,思不能轻。"《五行》又从反面申说"仁之思也清……智之思也长……圣之思也轻",谈到了思与仁、智、圣的关系。后面的"不直不肆,不肆不果,不果不简,不简不行,不行不义",以及"不远不敬,不敬不严,不严不尊,不尊不恭,不恭无礼",似乎没有提到思或心与义、礼的关系,但是传文中有"直也者,直其中心也,义气也"和"远心也者,礼气也"。这说明思心与仁义礼智圣有很重要的关系,在思心与圣的关系上,《五行》与上述孔子的思想有一致性。

此外,圣与貌、言、视、听的关系,在《五行》中也有反映。《五

---

① 庞朴:《帛书〈五行篇〉校注》,见《中华文史论丛》,第4辑,48页,上海,上海古籍出版社,1979。

行》说:"仁之思也清,清则察,察则安,安则温,温则悦,悦则戚,戚则亲,亲则爱,爱则玉色,玉色则形,形则仁。智之思也长,长则得,得则不忘,不忘则明,明则见贤人,见贤人则玉色,玉色则形,形则智。圣之思也轻,轻则形,形则不忘,不忘则聪,聪则闻君子道,闻君子道则玉音,玉音则形,形则圣。"提到了仁智圣之思与玉色、玉音的关系,玉色、玉音是由思到仁智圣过程中的一个阶段,玉色、玉音,实际就是有关貌和言的问题。而对于圣智之思所得的聪明,传文中提到"聪也者,圣之藏于耳者也;明也者,智之藏于目者也。聪,圣之始也;明,智之始也",说明耳目也与圣智有关,这就是指耳目之听、视的功能。因此,由思心而得的貌、言、视、听,是通往仁智圣过程中的步骤,实际上也就是通达于圣的步骤。以之与上面孔子之语对比,不难发现《五行》与《尚书·洪范》"五事"的联系。《洪范》"五事"配"五行",因而仁义礼智圣之称"五行",渊源有自。而且,虽然《五行》对孔子之语加以改造,但是孔子的思想还是包含在文中。

关于金木水火土五行说,除我们习知的相生相克说外,还应注意尚土说,即认为五行之中土最贵,这是一种较早的五行观。后世《春秋繁露》《白虎通》等书实际上是综合了相生相克说和尚土说,以及其他诸种理论而成。在尚土说的五行观指导下,土与金木水火并列而又超越金木水火。而甲骨文中,中土、大邑商与东、南、西、北四土的关系,古人观念里中国与四夷的关系,都可能与这一思想相关。因此《尚书·洪范》"五事"是"心明曰圣"而又"包貌、言、视、听而载之以思心者,通以待之"乃为圣。《五行》则以这种观念为思想基础,据《五行》中的"德之行五,和谓之德,四行和谓之善。善,人道也;德,天道也",以及帛书《德圣》的"四行成,善心起。四行形,圣气作"[①]来看,圣就是与仁义礼智并列而又超越其上的。《中庸》"唯天下至圣"一段中,与"圣"相应的就是"聪明睿智",不论是就貌言视听还是就仁义礼智来看,"圣"都是既与之并列而又超越其上的。这些现象,正说明其思想底基是尚土说之五行观。

第四节 尚土五行说的流衍

明白了《洪范》五行的思维模式,我们就容易理解以之为理论基础的仁义礼智圣五行说,在五行相克说因邹衍与帝运结合而风行之后,难免要与之产生矛盾。但是就逻辑上"类"的观念而论[②],土很容易归入金木水火之中,作为五者之一,呈转相胜之势(当然原来的尚土理论还可以有所保留,后代五行理论的融合较为复杂,此暂不论);而以尚土说为理论根基的仁义礼智圣五行说中,"圣"摆脱不了对仁义礼智或貌言视听的超越性,这受限于其理论底基。因此,在五行转相胜之说至为流行之际,不管荀子是否赞同这一理论,他都可以轻易地批评以尚土说为理论基础的仁义礼智圣五行说"甚僻违而无类"。所以,后代改"圣"

---

① 参见国家文物局古文献研究室:《马王堆汉墓帛书(壹)》,39页。
② 钟泰指出:"荀书每言'伦类''统类'。僻违而无类,亦言其无统、无伦耳。"梁启雄也引梁启超说指出:"孟子好言仁义礼智,义礼本仁智所衍生,以之并举,实为不伦,故曰无类。"转引自董治安、郑杰文:《荀子汇校汇注》,183〜184页,济南,齐鲁书社,1997。

为"信"以配五行，是很自然的。

相对于以思心为基础的仁义礼智圣五行而言，荀子以心"虚壹而静"作为反对。虽然同是肯定"心"的作用，但是仔细比较不难发现，上文笔者已经提到的"仁之思也清……智之思也长……圣之思也轻"、中心、远（外）心等，只是一心。但是由于它所本的五行理论，这种仁之思、智之思、圣之思、中心、远（外）心，又必然有所不同，而不能一以贯之，可是《五行》中又还是不得不强调舍五为一的"慎独"。对于这种思心的细分、不同与合一，《五行》没有解释原因，颇具神秘感而又似乎有系统，但确实难以解释。这应该就是荀子所批评的"幽隐而无说，闭约而无解"。荀子在《解蔽》篇以相对简洁清晰的"虚壹而静"，批评"心枝则无知，倾则不精，贰则疑惑"，所指的恐怕就包括《五行》中的矛盾。但是这一切与《五行》所本的尚土说的五行观有关，还值得我们进一步研究，不应当完全以荀子的取舍为取舍。

对这种仁义礼智圣五行说，荀子批评"世俗之沟犹瞀儒，嚾嚾然不知其所非也，遂受而传之"，说明它曾广为流传。这一点，不仅从马王堆帛书中有附庸作品《德圣》，以及学者们所熟知的贾谊《新书·六术》中可以看出，其他文献中也还有例子。

杜正胜、郭齐勇已经指出《史记·乐书》结尾有"太史公曰：夫上古明王举乐者，非以娱心自乐，快意恣欲，将欲为治也。正教者皆始于音，音正而行正。故音乐者，所以动荡血脉，通流精神而和正心也。故宫动脾而和正圣，商动肺而和正义，角动肝而和正仁，徵动心而和正礼，羽动肾而和正智。故乐所以内辅正心而外异贵贱也；上以事宗庙，下以变化黎庶也。琴长八尺一寸，正度也。弦大者为宫，而居中央，君也。商张右傍，其余大小相次，不失其次序，则君臣之位正矣。故闻宫音，使人温舒而广大；闻商音，使人方正而好义；闻角音，使人恻隐而爱人；闻徵音，使人乐善而好施；闻羽音，使人整齐而好礼。夫礼由外入，乐自内出"，明确标举"仁、义、礼、智、圣"，并把这五种德行与五音相配合，明确以"圣"作为五行之中心。[①]这说明尚土说的五行观，也曾经与五音相配，但是五音最后还是与相生相克的五行说合流。这一段文字虽被怀疑是后人添加，但确实是仁义礼智圣五行的反映。

后来明人黄佐所说《河间献王乐记》中有"大合六乐……其始作也……及其从之也，以道五常之行也，知仁交际而百化出矣，礼义交际而百化入矣，成之者圣也。子曰：'知仁合则天地成，天地成则庶物时，庶物时则民财阜，民财阜然后兴礼义'"[②]，明确提及"五常之行"为知（智）、仁、礼、义、圣，并引《大戴礼·诰志》中提到了知（智）、仁、礼、义的孔子之语为证。虽然黄佐所说《河间献王乐记》有可疑之处，

---

① 杜正胜指出："这段太史公曰为《礼记》所无，当代表西汉前期的意见。仁、义、礼、智、圣和肝、肺、心、肾、脾五脏相配，却是帛书《五行》篇的作者梦想不及的。"参见杜正胜：《形体、精气与魂魄——中国传统对"人"认识的形成》，载《新史学》，第2卷第3期（1991年9月）：54页；《从眉寿到长生——医疗文化与中国古代生命观》，146页。郭齐勇：《再论"五行"与"圣智"》，载《中国哲学史》，第3期（2001年）：20～21页。

② 黄佐：《乐典》，见《四库全书存目丛书·经部》，第182册，442～444页，济南，齐鲁书社，1997。

但是很可能这些话有一定的来源。①

而且在郭店楚简《语丛一》中，简16、简17分别有"有仁有智，有义有礼""有圣有善"，可能说的就是仁义礼智圣五行，因为《五行》中有"德之行五，和谓之德，四行和谓之善"，前引《德圣》也有"四行成，善心起。四行形，圣气作"，所以是有圣有善。

对于所谓"孟轲和之"，主要见于《孟子》中的性善论和仁义礼智"四端"说。《孟子·公孙丑上》载：

> 孟子曰："人皆有不忍人之心。先王有不忍人之心，斯有不忍人之政矣。以不忍人之心，行不忍人之政，治天下可运之掌上。所以谓'人皆有不忍人之心'者，今人乍见孺子将入于井，皆有怵惕恻隐之心，非所以内交于孺子之父母也，非所以要誉于乡党朋友也，非恶其声而然也。由是观之，无恻隐之心，非人也；无羞恶之心，非人也；无辞让之心，非人也；无是非之心，非人也。恻隐之心，仁之端也；羞恶之心，义之端也；辞让之心，礼之端也；是非之心，智之端也。人之有是四端也，犹其有四体也。有是四端而自谓不能者，自贼者也。谓其君不能者，贼其君者也。凡有四端于我

---

① 黄佐所著《乐典》共三十六卷，其中卷十三至二十一载有所谓"河间献王乐记"，云"河间献王所传王氏乐记二十四卷，与今乐记不同，北齐信都芳厘为九卷。今去其繁杂，定为九篇。""河间献王所传王氏乐记"，当即河间献王与诸儒所作、《汉书·艺文志》所载王禹献上的《王禹记》二十四篇。但是《北齐书》卷四十九载信都芳著《乐书》，《隋书·经籍志》记有信都芳撰《乐书》七卷，诸书皆未明言信都芳厘《河间献王乐记》之事。然就全文来看，又似非黄佐所可伪作。疑全文乃前人收集古佚乐文而成。

者，知皆扩而充之矣，若火之始然，泉之始达。苟能充之，足以保四海；苟不充之，不足以事父母。"

《孟子·告子上》记：

公都子曰："告子曰：'性无善无不善也。'或曰：'性可以为善，可以为不善。是故文、武兴，则民好善；幽、厉兴，则民好暴。'或曰：'有性善，有性不善。是故以尧为君而有象，以瞽瞍为父而有舜，以纣为兄之子且以为君，而有微子启、王子比干。'今曰'性善'，然则彼皆非欤？"

孟子曰："乃若其情，则可以为善矣，乃所谓善也。若夫为不善，非才之罪也。恻隐之心，人皆有之；羞恶之心，人皆有之；恭敬之心，人皆有之；是非之心，人皆有之。恻隐之心，仁也；羞恶之心，义也；恭敬之心，礼也；是非之心，智也。仁义礼智，非由外铄我也，我固有之也，弗思耳矣。故曰：'求则得之，舍则失之。'或相倍蓰而无算者，不能尽其才者也。《诗》曰：'天生烝民，有物有则。民之秉彝，好是懿德。'孔子曰：'为此诗者，其知道乎！故有物必有则，民之秉彝也，故好是懿德。'"

《孟子·尽心上》还说过"君子所性，仁、义、礼、智根于心"。公都子问的是人之本性与人之为善人、恶人之关系的问题，孟子说人固有四端（这一点《五行》文中没有明确谈到），"有是四端而自谓不能者，自贼者也","弗思耳矣","求则得之，舍则失之"。能求，即能知扩充之（"知皆扩而充之矣"），能思，则得，也就是让四德扩充、形于内，就可以成就德行。其解释与上文所强调的"思心"之与仁义礼智圣的关系密合，因此，此处孟子确实是在依据《五行》作解说。但是孟子为什么没有说到"圣"呢？这当是因为：首先，公都子讨论的是人性善恶的问题，而不是圣的问题，《五行》中明说"四行和谓之善"，孟子当然只用谈到四行和思这两个关键要素；其次，圣本身既与仁义礼智是一类，又超越于其上，可以单论；最后，孟子不提及圣，还可能与孟子的圣人观相关，孟子认为五百年才有王者出，对于是否人人皆可以为尧舜的问题，孟子不是回答以"思"和人有"圣"之端，而是答以"为之而已"，则终究会因为努力之多少而有差别。这说明孟子对《五行》有所修正，应该是认为人人皆性善，可以为善，但不一定能成圣成王。因此，《孟子·尽心下》的"仁之于父子也，义之于君臣也，礼之于宾主也，知之于贤者也，圣人之于天道也，命也，有性焉，君子不谓命也"之语，笔者个人以为"圣"后有"人"字可能更符合孟子本人的意思。

第五节 《五行》的学派

荀子的种种说法都是确有其指的，仁义礼智圣之五行，上接孔子释《洪范》"休征"之语，下应孟子答性善之说，既与《中庸》相应，又散见于其他文献之中。虽然因为所本的五行理论导致"甚僻违而无类，幽隐而无说，闭约而无解"，但是也曾广为流行。荀子所说不错。

有学者认为虽然《五行》成书较早，但作者或非子思。其实只要我们能够确定荀子批判之语，那么就有理由相信"子思唱之，孟轲和之"之说（子思是发挥孔子思想）。当然，先秦诸子作品多数是学派之作，由此导致竹简与帛书《五行》有所不同，而且《五行》与《中庸》的核心思想也不完全一致。但今天，我们恐怕拿不出比荀子所见还有力的证据来否认子思首倡仁义礼智圣五行之说。

也有学者根据《五行》传文中引有世子之语，遂认为《五行》传文有可能是世子作品。传文中曾经两引世子之语，所引第一句话有残缺，对应于经文中的"同则善"作解。魏启鹏先生补作："世子曰：'人有恒道，达□□□□□□也，间（简）则行矣。'"庞朴先生将"□□□□也，间（简）则行矣"补为"['不简不行']也，间（简）则行矣"，属下，正对应经文中的"不简不行"，当从。则此处引世子之语，是《五行》传文以之作为解说"同则善"的补充。第二处引世子之语，是对"不匿，不辩于道"的解说。在传文已经解说了"匿者，言人行小而轸者也。小而实大□□□也"之后，引世子之语："知轸之为物也，斯公然得矣。"然后传文又解释："轸者，多矣，公然者，心道也……"可知世子的话还需要传文的再解释才能入传。当时的儒家内部对于一些公用术语，均有解释，此处传文是引世子之语解释"轸"，由此又附带要解释"公然"。可以看出，世子之学与传仁义礼智圣五行的一派儒生的话语系统之间，有所差别，否则不需要对世子话中的词语再作解释。不过此处作传者对世子之语比较熟悉，或可能曾学于世子，故而引世子之语入传。所以，这里的世子之语，应该和古书中常见的君子之语，尤其是《左传》中的"仲尼曰""君子曰"一样，是用来作进一步解释经文之用的，不能作为判断《五行》及其传文作者的标志，只能说明作传者对世子之语比较熟悉。即便作传者曾学于世子，或者世子曾为《五行》作过解释，如同《榖梁传》保留了先师之言一样，《五行》也当非世子作品，世子只能被归入传授仁义礼智圣五行的学派之内，而今所见《五行》传文的最后成书者，也不是世子。此外，刘信芳先生指出，今所谓的《五行》经文中，本身就有"说"的内容。[1]世子为七十子弟子，与子思辈分相同，如果刘说成立，那么世子本人应当不会晚至给有说的《五行》再作传。

总之，对于《五行》传文中所引世子之语，较为妥当的看法，应该是作传者采世子之语作为传文的补充，世子本人与《五行》没有太多关系。关于《五行》传文的作者或时代，还有待更多的材料以资讨论。然而因为它是为《五行》经文作传，并未自成一家，所以笔者倾向于仍然将之归入子思学派的作品。

第六节　相关学说

顺便可以指出的是，《五行》经文开头部分的一段话，有所谓仁义礼智圣"形于内谓之德之行""不形于内谓之行"的区别。如果考虑到《五行》篇以尚土五行说作为基础这一点，我们似乎也可以考虑这里的

---

[1]　参见刘信芳：《简帛〈五行〉述略》，载《江汉考古》，第 1 期（2001 年）：74 页。

"德之行"和"行"的数术基础。

银雀山汉墓竹简中,属于《天地八风五行客主五音之居》篇的第1310简,或可标点如下:

○五行:德行所不胜,刑行所胜,五岁……①

虽然银雀山汉简谈的是刑德运行的方式②,但是其思维结构却有助于我们思考仁义礼智圣五行。很明显,银雀山汉简中,存在德、刑两个对立物,皆有其运行方式,一行所胜,一行所不胜,这一五行是以转相胜的五行为思维结构的,转相胜五行和刑德相结合;而仁义礼智圣五行中,也有德行和行两个对立的范畴,一个是形于内,一个是不形于内(也许可以说是形于外),这个五行则是以尚土五行说为思维基础的,与内外之说相结合。刑德、内外皆与阴阳之说相关,因此这两种五行说之间,内在的思维结构相差并不远,其区别主要在于五行说的基础不同。由于以尚土五行说为基础,仁义礼智圣五行虽不能转动,但是也有其变化:每一项形于内,就是德之行,"德之行五,和谓之德,四行和谓之善","四行成,善心起。四行形,圣气作。五行形,德心起;和,谓之德"。尚土五行说,是否也有实际应用的数术内容,还有待于进一步研究。

---

① 参见吴九龙:《银雀山汉简释文》,85 页,北京,文物出版社,1985。
② 参见胡文辉:《银雀山汉简〈天地八风五行客主五音之居〉释证》,见《中国早期方术与文献丛考》,293～295 页,广州,中山大学出版社,2000。

又《尹文子·大道上》有："大道治者，则名、法、儒、墨自废；以名、法、儒、墨治者，则不得离道。"大道与名、法、儒、墨的关系，也有尚土五行的模式在内。若然，《尹文子》五行或可能较早，而司马谈《论六家要旨》则有可能参考了《尹文子》或相关文献，并顺应汉初汉得水德尚六之观念而添加了阴阳为"六家"（贾谊在《新书》中也是添加乐，改仁义礼智圣五行为六行。当然，贾谊曾议改正朔，色尚黄，数用五）。此时"六"的模式常表现为太一与五行的关系。

第三章　论帛书《二三子问》中的"精白"

在马王堆三号汉墓出土的帛书《周易》经文之后，有帛书《二三子问》篇。这一篇以二三子问、孔子答的形式行文，而且被放置在帛书《系辞》之前，有着重大的学术史、思想史意义。对于帛书的内容，已经有许多学者进行了很好的研究，但是牵涉到所谓儒道性质的问题，由此导致了对于此篇年代的不同看法。

第一节　所谓黄老思想的问题

陈鼓应先生认为帛书《二三子问》等篇中有很多黄老思想。[1]廖名春先生也在《帛书〈二三子问〉简说》一文中说：

> 《二三子问》虽然是孔子《易》说的遗教，但它写成时，也受了战国黄老思想的影响：论丰卦卦辞时提到了"黄帝四辅，尧立三卿"之语；《二三子问》多次提到"精白"这一概念，其中

---

[1]　参见陈鼓应：《〈二三子问〉、〈易之义〉、〈要〉的撰作年代以及其中的黄老思想》，见《易传与道家思想》，196～214页，北京，生活·读书·新知三联书店，1996。

有"其占曰：能精能白，必为上客；能白能精，必为□□故以精白长众……"

廖先生认为：先秦儒家尊崇尧、舜，《论语》《孟子》《荀子》诸书对尧的推崇盈篇累牍，但从不提黄帝，更不会将黄帝置于尧前。而"占"当为解《易》的一种文献，类似歌谣，句式整齐，讲究押韵（白、客同为铎部），如后世之《易林》。孔子引"占"语以解艮卦卦辞，恐不足信，因为占辞的内容颇合黄老之言。① 这两点，也见于陈鼓应先生所举出的证据。从廖名春先生论述其他帛书《易传》的学派性质的态度来看，他同意《二三子问》受到了黄老思想的影响，恐怕是因为陈鼓应先生的缘故。廖名春先生后来回顾其写《帛书〈二三子问〉简说》的过程，指出"本文的最后一段，原稿本无，是后来发表时应陈鼓应先生的要求补写的"②。

其实关于《二三子问》论述黄帝，以及使用"精白"这一概念，恐不能作为编著者是否受黄老思想影响的证据。这一思路，从廖名春先生论述帛书《系辞》的学派性质等文章中很容易看出来，他甚至曾经指出："《系辞》的阴阳说不一定就本于道家和阴阳家。"③《帛书〈二三子问〉简说》这篇文章后来被收入廖先生的《帛书〈易传〉初探》一书，

---

① 参见廖名春：《帛书〈二三子问〉简说》，见陈鼓应主编：《道家文化研究》，第3辑，195页，上海，上海古籍出版社，1993；廖名春：《帛书〈易传〉初探》，6～7页，台北，文史哲出版社，1998。

② 廖名春：《帛书〈易传〉初探》，自序3页。

③ 廖名春：《论帛书〈系辞〉的学派性质》，见《帛书〈易传〉初探》，65页。

当只是因为成文较早，为保持原样，所以没有改动。因为固然儒家经典如《论语》《孟子》《荀子》中未明言黄帝，但是《礼记·乐记》中孔子答宾牟贾，说武王克商后"封黄帝之后于蓟"（"蓟"，本或作"续"，《史记·周本纪》作"祝"），而云封帝尧之后于祝。不论如何，黄帝之后曾被武王分封之事，当有所本。《大戴礼记·五帝德》《孔子家语·五帝德》中，均有孔子论及黄帝，《孔子家语·五帝》也提到了黄帝。这几篇的时代或许遭人怀疑，但是《尸子》佚文中有记："子贡问孔子曰：'古者黄帝四面，信乎？'孔子曰：'黄帝取合己者四人，使治四方，不谋而亲，不约而成，大有成功，此之谓四面也。'"[①] 孔子是将流传的神话传说，给予理性的解释，这和他解释"夔一足"的风格很相似。尸子或为穀梁先师，文中多记儒家之事，此文当有所本。综合来看，说孔子曾经提到过黄帝，这应该是很有可能的。

最为关键的是，帛书《二三子问》中，孔子只是引"黄帝四辅，尧立三卿"，来说明"用贤弗害"，以解丰卦卦辞中的"亨。王假之，勿忧，宜日中"，根本不是就黄帝事来阐发什么义理。如果认为任何人只要提到黄帝，就是受到了黄老思想的影响，其文当出于黄老思想出现之后，这恐怕是难以令人信服的。同样，认为孔子只祖述尧舜，宪章文武，绝不会提到其他人，那恐怕也只是据今天所见到的一点文献，来给古人画地为牢。此处将黄帝列于尧之前，当只是因为黄帝时间在前。据

[①] 《二十二子》，影印光绪初年浙江书局本，374页，上海，上海古籍出版社，1986。

此只言片语，就认为《二三子问》产生的时间是在受到楚地黄老思想的影响之后，恐难以令人信服。

第二节 "精白"的问题

关于"精白"这一概念，陈鼓应先生指出："精、白、质、素等概念，是道家用以表达道的纯一及得道的境界。如《庄子》'虚室生白'、《黄帝四经》'至素至精''是谓能精''素则精'等。《二三子问》中，不但继承了这一概念，并且将'白'、'质'与'精'直接结合，即'能精能白''精白''精质'等，其承袭黄老之迹至为明显。"①

从观念史的角度考察先秦学派之间的思想渊源，确实是一个值得尝试而且极有意义的工作。但关键的问题是，我们需要把握好大前提，不能犯逻辑学上"丐辞"的错误。也就是说，要认真考察观念的最初来源，如果某一个观念不是来自某人某派，我们却要说这种观念前无古人，别人都受到了此人此派的影响，凡出现相近的观念，其文本形成一定晚于此人此派，那恐怕是不能令人信服的。

说起"精白"，其实见于《鹖冠子·度万》，诸家偶失检。文中鹖冠子答庞子问时，提到"精白为黑"。这似乎将坐实"精白"出于黄老之学的说法，其实恐怕未必。依据汉语史，一般而言，词语是先有单字词，然后才发展为复合词。因此应该是先有"精""白"等概念，然后

---

① 陈鼓应：《〈二三子问〉、〈易之义〉、〈要〉的撰作年代以及其中的黄老思想》，见《易传与道家思想》，214页。

才发展出"精白"的概念（而且"精白"很可能在最初只是"精"和"白"组成的联合式词组）。鹖冠子、庞子为战国末年人，故而帛书中出现的"能精能白"的"占"语，有可能早于《鹖冠子》的成书年代。

廖名春先生指出孔子引"占"语解艮卦恐不足信，主要是认为"占"语形式类似后世的《易林》，又有黄老思想。其实《二三子问》中，释"恒"卦也引到"占"，可惜该处残缺，仅剩"丰大"二字，是否也是"类似歌谣，句式整齐，讲究押韵"，不得而知。不过即便它也很像《易林》，恐怕也并不能说明这种"占"的形式出现得很晚。1993年王家台出土了秦简《归藏》，使得我们对传世的《归藏》佚文有了新的认识。王家台秦简《归藏》中，记有一些周代的事情，因此它可能不是所谓的商易《归藏》的原本。但是这恐怕正如《周易》也记有晚于文王时的事一样，存在先后的传承。在王家台秦简《归藏》中，有不少卦就是记载传说中的名占，而且往往在占之曰吉或不吉之后，记有一些话，这些话应该就是占语。比如：

> 右。曰昔者平公卜其邦尚毋[有]咎，攴占神老，神老占曰：吉。有子其□，间墿四旁，敬□风雷，不……
>
> 蕭。曰昔者宋君卜封□而攴占巫苍，苍占之曰：吉。蕭之苍苍，蕭之䩺䩺，初有吝，后果述。
>
> 丰。曰昔者上帝卜处□□而攴占大明，大明占之曰：不吉。□臣䐃䐃，牝□雄雄……

蚕。曰昔者殷王贞卜其邦尚毋有咎而攴占巫咸，咸占之曰：不吉。蚕其席，投之裕，蚕在北为祉……①

其他还有不少，在占曰吉或不吉之后，也记有一些话，可惜残损严重；传世《归藏》的佚文中也有相近的文例。我们可以看到，这些吉或不吉之后的话，或三言，或四言，而有不少就是押韵的。具体的文字考释，还有待于将来进一步分析，我们现在可以据以分析以下几例的用韵情况。比如"醴"当从"豊"得声，"豊"古音来纽脂部②，而"雉"古音定纽脂部，皆为"脂"韵；"席"古音邪纽铎部，"裕"当从"亦"得声，"亦"古音喻纽铎部，皆为"铎"韵。

其实类似的韵语也见于古书所记的占筮之语中，如《左传·闵公二年》："成季之将生也，桓公使卜楚丘之父卜之……又筮之，遇《大有》之《乾》，曰：'同复于父，敬如君所。'"此处"同复于父，敬如君所"，"父"古音并纽鱼部，"所"古音生纽鱼部，皆为"鱼"韵。再如《左传·僖公十五年》："晋饥，秦输之粟；秦饥，晋闭之籴。故秦伯伐晋。卜徒父筮之，吉：'涉河，侯车败。'诘之，对曰：'乃大吉也。三败，必获晋君。其卦遇《蛊》，曰：千乘三去，三去之余，获其雄狐。……'"此处的"千乘三去，三去之余，获其雄狐"，"去"古音溪纽鱼部，"余"古音喻纽鱼部，"狐"古音匣纽鱼部，皆为"鱼"韵。再如《穆天子传》

---

① 王明钦：《王家台秦墓竹简概述》，见艾兰、邢文编：《新出简帛研究》，30～32页，北京，文物出版社，2004。

② 据唐作藩：《上古音手册》，南京，江苏人民出版社，1982。下同。

卷五："天子筮猎苹泽，其卦遇《讼》。逢公占之曰：'《讼》之繇，薮泽苍苍其中，□宜其正公，戎事则从，祭祀则憙，畋猎则获。'"此处"薮泽苍苍其中，□宜其正公"也当是占筮之语，"中"古音端纽冬部，"公"古音见纽东部，有的音韵学家认为上古音冬、东不分部，当归为一韵。类似的占筮之语，还见于其他古书中。

以上所引的卦名，皆见于《周易》。但是因为《连山》《归藏》散佚，而《周易》中又不见上所引占筮之语，因此后世注疏家或称这些话为杂占之辞，或归之为《连山》《归藏》中的占辞，不大承认它们是《周易》的占语，这还有待进一步考察。但是这至少能够说明这种"占"语来源很早，而如果《连山》《归藏》有占语，或当时"三易"皆有杂占之辞，那么《二三子问》中孔子所引"占曰"，就很可能是《周易》的占语了。

从上文所引占语来看，它们很可能是有助于解释卦象、连接卦爻辞和具体的吉凶悔吝的中间环节。比如《穆天子传》中"天子筮猎苹泽"得《讼》卦，占语说"□宜其正公"，所以就推出"戎事则从，祭祀则憙，畋猎则获"。这种占语应当晚于爻辞，和爻辞可以分开，大概是古代巫史所掌、用以专对的秘籍。因为爻辞的时代已经久远，卦象所表示的意义与所卜问的内容之间需要可以衔接的中间环节，故而巫史于长期的推演和实践中积累下来了新的占语，如果没有它，很多卦爻辞就不易于解释。后世的《易林》等书当是据此而来，但是因为世易时移，而世人卜问的内容又多种多样，故而这种占语的内容就需要有变化，否则就会变得同爻辞一样晦涩了。在阜阳出土的《周易》中，每一卦爻辞后面，都加入了不少具体的卜问内容，如《同人》六二爻辞："同人于宗，吝。卜子产不孝；吏……"①猜想阜阳汉简《周易》就是根据一定的占语推演而出的一种非常具体实用的占筮《易》，故而省略了占语，而直接列具体的占筮结果。

第三节 孔子与"精白"

如果占语中有"精""白"，那么孔子使用"精白"就是可能的了。但是在孔子的时代，占语之中有没有可能出现"精""白"这样的有着浓厚思想性的概念呢？这是极有可能的。《左传·昭公七年》记："及子产适晋，赵景子问焉，曰：'伯有犹能为鬼乎？'子产曰：'能。人生始化曰魄，既生魄，阳曰魂。用物精多，则魂魄强，是以有精爽至于神明……'"子产提到了"精"的概念，精爽已经连用。据推算，是年孔子才十七岁。《国语·周语上》更是记："十五年，有神降于莘。王问于内史过曰：'是何故？固有之乎？'对曰：'有之。国之将兴，其君齐明衷正，精洁惠和，其德足以昭其馨香，其惠足以同其民人。神飨而民听，民神无怨，故明神降之，观其政德，而均布福焉……'"此处用到了"精洁"，并且指出"精洁"是国君的一种德行。《国语·周语上》又记："襄王使邵公过及内史过赐晋惠公命。吕甥、郤芮相晋侯不敬，晋

---

① 中国文物研究所古文献研究室、安徽省阜阳市博物馆：《阜阳汉简〈周易〉释文》，见陈鼓应主编：《道家文化研究》，第18辑，63页，北京，生活·读书·新知三联书店，2000。

侯执玉卑，拜不稽首。内史过归，以告王曰：'……民之所急在大事，先王知大事之必以众济也，是故被除其心，以和惠民。考中度衷以莅之，昭明物则以训之，制义庶孚以行之。被除其心，精也。考中度衷，忠也。昭明物则，礼也。制义庶孚，信也。然则长众使民之道，非精不和，非忠不立，非礼不顺，非信不行……'"这里具体解释了"精"的概念，而且"精"被认为是统治者"和惠民"的一个"使民之道"。按《广雅·释诂下》："被，除也。"《小广雅·广诂》："被，洁也。"所谓"被除其心"，就是指洁其心，洁其心，就可以"和惠民"，就是"精"。帛书《经法·论》说："［强生威，威］生惠（慧），惠（慧）生正，［正］生静。静则平，平则宁，宁则素，素则精，精则神。"这里的正、静、平、宁、素等，应该是后世发展而出的对"洁其心"过程的具体描述。看来所谓《黄帝四经》的"至素至精""是谓能精"等，也应该有其来源，而不是前无古人的创作。《国语·晋语一》载："公之优曰施，通于骊姬。骊姬问焉……优施曰：'必于申生。其为人也，小心精洁，而大志重，又不忍人。精洁易辱，重债可疾，不忍人，必自忍也。辱之近行。'骊姬曰：'重，无乃难迁乎！'优施曰：'知辱可辱，可辱迁重，若不知辱，亦必不知固秉常矣。今子内固而外宠，且善否莫不信。若外殚善而内辱之，无不迁矣。且吾闻之，甚精必愚。精为易辱，愚不知避难，虽欲无迁，其得之乎？'是故先施谗于申生。"这里两次提到了"精洁"，与上文的"精洁"当有关联。按《广雅·释器》："洁，白也。"因此，由"精洁"发展到"精白"，是有可能的。

传世文献中，孔子提到过"洁静精微"，如《礼记·经解》："孔子曰：'入其国，其教可知也。其为人也，温柔敦厚，《诗》教也；疏通知远，《书》教也；广博易良，《乐》教也；洁静精微，《易》教也；恭俭庄敬，《礼》教也；属辞比事，《春秋》教也……洁静精微而不贼，则深于《易》者也……'"而且将"洁静精微"和《易》联系起来，当非偶然。既然孔子说到了"洁静精微"，那么他说到"精白"，也是很有可能的。

我们看孔子所引占语说到"能精能白，必为上客；能白能精，必为□□"，"上客"一词，古书习见。将占语与前文所引"国之将兴，其君齐明衷正，精洁惠和，其德足以昭其馨香，其惠足以同其民人"，以及"长众使民之道，非精不和"比较，会发现它们是可以对应的。试想"精洁""精"是君使民之道，那么"能精能白"者，自然就可以为上客了！既然占语中有"精""白"，《国语》中又记载有"精洁"，那么在孔子的时代有"精白"这样的词，孔子也使用它，是完全有可能的。所谓的道家或黄老学者也使用、发展了这些概念，本不足为怪，但是我们绝不能反过来认为，凡是使用了这样一些概念的，就是受到了道家或黄老学者的影响。以此观照陈鼓应先生所举的其他例证，实不足为凭。

因此，《二三子问》一篇当来源较早，它有可能就是二三弟子录所闻于夫子，整理而成篇。

第四章 《易传》道家说质疑

《易经》所附《彖》（上下）、《象》（上下）、《文言》、《系辞》（上下）、《说卦》、《序卦》、《杂卦》七种十篇，俗称《易传》。传统上一直根据孔子赞《易》的说法，以之为孔子所作（或者说为孔子后学所作，而思想来源本于孔子）。后来欧阳修在《易童子问》中提出了怀疑，至疑古思潮认定《易传》晚出（甚至有认为晚至汉代者），遂将《易传》和孔子的关系完全斩断。在中国和日本，以及整个汉学界，这种思想非常流行。宋代苏轼曾指出《系辞》含有不少道家的意趣，后来冯友兰、顾颉刚、钱穆、侯外庐等学者，以及英国的李约瑟，也都以为《系辞》有很浓厚的道家风味。①钱穆先生曾经提出《中庸》《易传》系"汇通老、庄、孔、孟"之说②，此说可以作为现代学界对于《易传》问题的一个代表看法——至此，不仅《易传》的成书年代晚于孟子、庄子，而且其思想的性质也有了很大转变。

---

① 参见夏含夷：《〈系辞传〉的编纂》，见《古史异观》，289页，上海，上海古籍出版社，2005。
② 参见钱穆：《〈中庸〉新义》，见《中国学术思想史论丛（二）》，43～67页，北京，生活·读书·新知三联书店，2009。

第四章 《易传》道家说质疑

近几十年来，马王堆汉墓出土的帛书，不仅《老子》甲、乙本让人叹为观止，而且所谓帛书《黄帝书》（主要指《经法》等四篇，或称为《黄帝四经》，但不可靠）也引起了人们的注意。而帛书《易传》（含《二三子问》《系辞》《衷》《要》《缪和》《昭力》六篇）的出土，不仅将近现代人所断定的《易传》的年代大大提前，而且引出了许多新话题。当此之际，陈鼓应先生论证《易传》为道家作品，提出"《易传》道家说"，极力倡导"道家主干说"，在学界影响较大。用他自己的话说则是："不仅打破了学界公认的看法，也推翻了二千年来经学传统的旧说。"①在胡家聪、王葆玹等先生唱和的同时，吕绍纲、赵俪生、周桂钿、李存山、廖名春等先生则提出了反对意见，但是陈先生的回应似乎也能立于不败之地②。而且，以其所主编的《道家文化研究》为阵地，响应陈先生之说的学者，似乎越来越多。

在笔者看来，反驳文章较多地使用了和陈鼓应先生类似的举证方法，一边说《易传》引老庄，另一边则说老庄引《易传》，属于一正一反之辞，旁观者很难辨析清楚（也许这种论证方法本身就有可疑之处）。而且陈先生曾研究过西方哲学，对于《古史辨》的成果尤其是《老子》问题大讨论也甚有心得。所以，当论辩转入《易传》有无道家说这个问题的时候，认为《易传》有道家说的学者只要举一个反证就能驳斥对

---
① 陈鼓应：《易传与道家思想》，序 1 页。
② 参见陈鼓应：《易传与道家思想》，附录二。按：在台湾尚有陈启云等学者对陈鼓应之说提出了批评，参见陈启云："儒家"、"道家"在中国古代思想文化史中的定位，见《中国古代思想文化的历史论析》，107～125 页，北京，北京大学出版社，2001。

方,陈先生自然不难挑选利于自身的证据作证。而"《易传》道家说"作为一种新说,很容易造成较大影响,也很适合某些学者由一篇文献考察多家思想交融的趣味。

然而,陈鼓应先生的论点、论证,以及得出论点的"预设",却很少受到质疑。下文即专注于此方面进行讨论,不当之处,还请大方之家指正。

第一节 对"《易传》道家说"之论证的质疑

陈鼓应先生曾引用劳思光先生对于《系辞》的看法,以证自己之言。① 劳思光先生倒评述过陈鼓应等先生所主张的"道家主干说"和"《易传》道家说":

> 宣扬扬道抑儒的大陆学人,要想否定儒家的主流地位,从方法论角度看,是要利用边缘史料来否定主流史料;这正是治史学者的大忌。边缘史料的功能在能补充主流史料之遗漏。主流史料本身之可信性,不会因边缘史料之提出而全部动摇。近年想强说道家为中国哲学的主流的人士,能运用的边缘史料其实也很有限,不过是像《黄帝四经》之类的文件而已。此外,他们所做的事基本上是一种概念游戏。例如,先将一切谈及天道与人事关系的理论定为专属道家思想的理论,然后便将《易传》思想说成道家理论的产物。其实

---

① 参见陈鼓应:《〈系辞〉学派性质的讨论》,见《易传与道家思想》,240～241页。

任何时期谈及天道的人都会有依天道以断人事的倾向。同时也另有人主张人自有所谓"人道",而不认为一切应循天道。这里并无可以重新诠释历史的理据。①

劳先生之说非常简洁。考虑到《易传》的学派属性这一问题的重要性,有必要作出具体的说明。下面,先以陈鼓应先生的《〈彖传〉与老庄》一文为例,看看其是如何进行论证的。

首先,陈先生认为:"至少从周初开始,中国思想中就存在着两大传统:自然主义的传统和德治主义的传统。这两种传统在春秋末期分别被老子和孔子系统化,从而开创了后来在中国思想史上产生过重大影响的道家和儒家。儒家将关注的重点放到了伦理、政治问题上,因而对自然天道方面的问题不甚感兴趣,而道家则大谈太一、有无之论,从而在中国历史上第一个建立了系统的宇宙学说。以后中国思想史的宇宙论传统无一不从道家那里汲取了大量养料。"②

然后,陈先生花了大量篇幅证明《彖传》中的主要学说、概念语词与道家思想有关。在这一部分,陈先生讨论了"万物起源说""自然循环论""阴阳气化论""刚柔相济说""天地人一体观"等学说,证明其和《老子》有关;又从"云行雨施""品物流行""大明""终始""性命""天行""消息盈虚"等概念相似,证明《彖传》与《庄子》有关。

---

① 劳思光:《帛书资料与黄老研究》,见《虚境与希望——论当代哲学与文化》,145～146页,香港,香港中文大学出版社,2003。
② 陈鼓应:《〈彖传〉与老庄》,见《易传与道家思想》,7页。

与此同时，举《论语》《孟子》《中庸》等书，说明其重心在仁、礼、仁义，其对天的观念"不是自然性的，乃是主宰性的或义理性的"，以及没有阴阳说等，作为反证。

很明显，这里陈先生所做的工作中，很大一部分是根据古籍替古人做"凡例"，对儒道进行分野，认为儒道所承的传统、关注的重点不一。但是，胡适先生曾经指出："替古人的著作做'凡例'，那是很危险的事业，我想是劳而无功的工作。"① 要说明周初以来的思想传统判若鸿沟而没有互相影响，是令人怀疑的；其他还有不少值得怀疑的地方。

尤为关键的是，陈先生认为"道家则大谈太一、有无之论，从而在中国历史上第一个建立了系统的宇宙学说。以后中国思想史的宇宙论传统无一不从道家那里汲取了大量养料"。这就是说，所有有"宇宙学说"的，都"从道家那里汲取了大量养料"。而《象传》中有"万物起源说""自然循环论""阴阳气化论""刚柔相济说""天地人一体观"等"宇宙学说"，有"云行雨施""品物流行""大明""终始""性命""天行""消息盈虚"等概念与道家作品相近。所以《象传》必然从道家那里汲取了养料，属于道家作品。

这里面包含了一个很典型的形式逻辑的三段论：

> 大前提：所有有"宇宙学说"的，都"从道家那里汲取了大量

---

① 胡适：《评论近人考据〈老子〉年代的方法》，见姜义华主编：《胡适学术文集·中国哲学史》，760页，北京，中华书局，1991。

养料"（道家"在中国历史上第一个建立了系统的宇宙学说。以后中国思想史的宇宙论传统无一不从道家那里汲取了大量养料"）。

小前提：《象传》有"宇宙学说"。

结论：《象传》"从道家那里汲取了大量养料"。

按照严格的三段论，结论只能说《象传》"从道家那里汲取了大量养料"。陈鼓应先生由《象传》，以及《易传》其他篇章（并不一定有"宇宙学说"），推导出"《易传》道家说"，已经有了很大发挥。

可是，就三段论本身而言，其大前提多是根据归纳而得出的结论，而归纳除非是进行穷举的完全归纳，否则并不具有确定性，这是三段论的致命弱点之所在。因此，陈鼓应先生的这个三段论，其大前提是否成立也应该受到质疑。陈鼓应先生的大前提中，不仅所谓"在中国历史上第一个建立了系统的宇宙学说"是一个有待证明的假设，而且最为关键的"中国思想史的宇宙论传统无一不从道家那里汲取了大量养料"这个命题也有待穷举证明，要一一检验，包括《象传》。可是，在陈鼓应先生的三段论中，这个有待归纳证明的前提，已经被作为了演绎推理的大前提。也就是说，其前提已经包含了他要证明的结论，只要你承认了他的前提（所有有"宇宙学说"的，都"从道家那里汲取了大量养料"），你就不得不承认其结论（《象传》"从道家那里汲取了大量养料"）。

在逻辑学上，"往往有人把尚待证明的结论预先包含在前提之中，只要你承认了那前提，你自然不能不承认那结论了：这种论证叫丐辞"①。"丐辞"不能作为证据，而陈鼓应先生的论证方法正是在使用"丐辞"。因此，陈鼓应先生的"《象传》道家说"不能成立。而一旦"《象传》道家说"不成立，陈鼓应先生的其他推论也将遭受质疑。

陈鼓应先生随后的《〈象传〉的道家思维方式》一文，论证方法并没有什么改变，只是"默证"使用得更多。在这篇文章中，陈鼓应先生首先证明《象传》的成书时间后于庄子，然后说"战国中期以前，儒家缺乏形上学思考的习惯与能力，也不从事宇宙论问题的探讨，这一哲学工作的重任遂由道家担当起来。从哲学的角度来看，《象传》的主体部分属于宇宙论的范围，众所周知，中国哲学的宇宙论创始于道家，故而从老子、庄子及稷下道家，可以看出《象传》和道家各派思想上的内在联系"。于是，陈鼓应先生又从"推天道以明人事""万物生成论""天行"等思想、观念方面，说明《象传》和道家的关系，而认为儒家的思维方式、思考的问题不涉及这些方面，在孔孟荀的作品中，也没有那些自然哲学用词。

有趣的是，陈鼓应先生《〈象传〉与老庄》一文引用了李镜池论证《象传》中家人卦等有儒家思想的例子，虽然是将之归为"伦理道德教训"，并一再引冯友兰先生之语，说明"《易传》的重要不在于这些道德教训，而在于它的宇宙观和辩证法思想"。《〈象传〉的道家思维方式》

---

① 胡适：《评论近人考据〈老子〉年代的方法》，见姜义华主编：《胡适学术文集·中国哲学史》，749页。

一文则说"'家人'卦反映的尊卑等级观念,乃是西周以来早已形成的宗法意识形态,不为儒家一派所专有"。陈鼓应先生这种通过溯源法而解构儒家思想的方法,与他不追溯所谓道家思想的源头而着力建构道家思想的影响的做法,正形成了鲜明的对照!

陈鼓应先生《〈象传〉的道家思维方式》一文,对于《〈象传〉与老庄》也有所补充,说到了所谓稷下道家的尚阳等思想与《象传》有关;而为了补充《〈象传〉与老庄》一文不同意高亨先生的《象传》为馯臂子弘所作之说(认为馯臂子弘过早),再一次称引了朱伯崑先生的说法证明《象传》的年代,却同时又对朱先生立说的前提进行了批评。

关键的问题是,上面所说陈鼓应先生尚未证明的命题——道家"在中国历史上第一个建立了系统的宇宙学说",现在变成了"众所周知",依旧未得到证明。陈鼓应先生曾经批评"战国前没有私家著述"说,认为"这完全是学者们自己画地为牢"①。现在看来,他所说的道家"在中国历史上第一个建立了系统的宇宙学说",好比说老子之前没有系统的宇宙学说,也有画地为牢之嫌。当然,陈鼓应先生强调了"系统"二字。可是,这最多是在使用"默证"证明问题,是在先秦古籍大量佚失的情况下,以不知为无有,根据现有的有限文献,进行不完全归纳之后所得出的结论。实际上,《尚书·洪范》中包含的五行思想等,是否

---

① 陈鼓应:《论〈老子〉晚出说在考证方法上常见的谬误——兼论〈列子〉非伪书》,见《道家文化研究》,第4辑,414页,上海,上海古籍出版社,1994。

也是有系统的宇宙学说呢?①从思想史来看,论及阴阳、五行、八卦的,多数是数术类的宇宙论,此外尚有"有自生"的万物生成说,而老子学派则持"有生于无"的宇宙生成论,这三大系列虽然后来可能有融合,但是其始源却并不相同。②

与以"默证"所得结论作前提相比,陈鼓应先生论说中的不确或矛盾之处,也许就算不上很大的问题了。比如未考察《论语》中"天"的差别③,未注意到《孟子》《庄子》年代④,从朱伯崑先生之说而批其立说前提(此势必动摇朱先生之立论)。尤其是根据《象传》开头"性命"连用,而《孟子》中"性"字三十五见,"命"字五十见,尚未

---

① 关于《尚书·洪范》的年代,参见李学勤:《帛书〈五行〉与〈尚书·洪范〉》,见《简帛佚籍与学术史》,278～286页。有关阴阳五行学说的起源,可参见艾兰、汪涛、范毓周主编:《中国古代思维模式与阴阳五行说探源》,南京,江苏古籍出版社,1998;李零:《中国方术考》,修订本,第二章,北京,东方出版社,2000;以及本书第二章"仁义礼智圣五行的思想渊源"。

② 参见拙作《"气是自生":〈恒先〉独特的宇宙论》,载《中国哲学史》,第3期(2004年):93～99页。

③ 孔子所谓天,既有"天之将丧斯文也"的主宰义,也有"唯天为大,唯尧则之"的自然义,张岱年先生据此说"孔子关于天的思想可能有一个转变"。参见张岱年:《中国古典哲学概念范畴要论》,20页,北京,中国社会科学出版社,1989。

④ 朱伯崑先生认为《象》与孟子思想有关,是因为孟子有"时中说""顺天应人说""养贤说",并认为"《象》的观点来于孟子"。参见朱伯崑:《易学哲学史》,第1卷,43～46页,北京,昆仑出版社,2005。而陈鼓应先生则说"孟、庄为同时代人,故其成书也后于庄子"。据《史记》等记载,孟子晚年才与弟子著《孟子》,但是陈所引《庄子》,也多为外、杂篇文字,所以即使《象传》晚于孟子,也未必就一定晚于庄子,即使晚于《孟子》一书,也未必晚于《庄子》一书。

连用这一个例证①，来断定《象传》的年代晚于《孟子》。但是仅凭一语而推定年代这种方法，恰恰是陈鼓应先生曾经批评过的"急速推广的谬误"②，而且"性命"已经见于郭店楚简《唐虞之道》简11："养性命之正"。郭店楚墓的下葬年代可能不晚于公元前300年，《唐虞之道》成书年代则当更早（见前文）。

陈鼓应先生还多次提到过阴阳家，却把阴阳家的思想，也借助史官等关联而归入老子名下。此外，老子的思想有所从来，这是陈鼓应先生承认的。陈鼓应先生能指出"'家人'卦反映的尊卑等级观念，乃是西周以来早已形成的宗法意识形态，不为儒家一派所专有"，但是对老子、道家思想的来源，却从来未予深究。③这恐怕是出于观念先行，而不愿深究吧。

陈鼓应先生的文章，还引出了很多值得进一步反思、追问的问题，

---

① 为说明《象传》成书晚于庄子，陈鼓应先生称引朱伯崑先生之说，并举《象传》中出现了"性命"为助证。但陈先生随后证明儒家的"时"只具常识意义，与道家及《象传》中的"时"有着根本的区别；在注4中还指出"养贤说"出于墨家，"顺天应人说"见于《黄帝四经》，而"此书早于《孟子》"。参见陈鼓应：《〈象传〉的道家思维方式》，见《易传与道家思想》，19～40页。按：陈先生是要断绝朱先生所说的《象传》与孟子思想的关联，而建构《象传》与所谓道家思想的关联。但是根据陈先生之说，除了"性命"之例外，朱伯崑先生所举的"时中说""顺天应人说""养贤说"，均可能在《孟子》之前或与之无关，这与陈先生所谓《象传》成书或在孟、庄与荀子之间"有矛盾。因此，陈先生之说的关键，在于"性命"能否断代。

② 陈鼓应：《论〈老子〉晚出说在考证方法上常见的谬误——兼论〈列子〉非伪书》，见《道家文化研究》，第4辑，414～415页。

③ 探究老子、道家思想来源的文章，可参见饶宗颐：《先老学初探——〈传老子师〉容成遗说钩沉》《道教与楚俗关系新证——楚文化的新认识》，均见《中国宗教思想史新页》，北京，北京大学出版社，2000。

譬如,《易传》《庄子》的文本形式与思想内容之间的关系如何。但这样一个内容与形式的问题,已经超出了本章的范围,留待日后再讨论。

总之,陈鼓应先生的"《彖传》道家说",其立说的大前提尚难以得到证明,他是运用"丐辞""默证"来确立自己的观点的。陈鼓应先生对于所谓"道家""儒家"思想,设立了许多判定标准,但多是在观念先行的情况下,根据后人的观念、自身的需要所设立的标准。陈鼓应先生对于古代思想的流传,也可能设想得过于简单。由此不难推断,陈鼓应先生的"《易传》道家说"也有许多值得怀疑的地方。

第二节　对"道家"名目的质疑

现在更需要追问:陈鼓应先生论点中的"道家",以及所谈的"儒家"这些名目,是不是未经考察的"预设"?这些"预设",是否成立?是否适宜?如果成立,如何判定思想学说的学派属性?这些问题,是各种学派说的底线,对于这一底线,许多人会认为是不证自明的,从来没有怀疑过。

比如陈鼓应先生所追究的,就在于《易传》到底是"道家的作品",还是"儒家的作品",并认为这是一个很重要的问题;而陈启云先生则认为"这是一个不成问题的问题"[①]。陈鼓应先生于1987年"济南国际周易学术讨论会"开幕式上首次提出《易传》是道家系统的作品而非古今

---

① 陈启云:《"儒家"、"道家"在中国古代思想文化史中的定位》,见《中国古代思想文化的历史论析》,108页。

学者所说的"儒家之作",在开幕典礼即将结束之时,他和陈启云先生就此进行了对辩。陈启云先生认为:"用'儒家''道家'等学派名词来分划界说先秦诸子思想,是汉代的历史产品。"①

陈启云先生的观点有其所自,胡适先生早就说过不承认司马谈所分的"六家"(详前文)。明确的"道家"一词,目前的资料是初见于汉初,如《史记·陈丞相世家》:"始陈平曰:'我多阴谋,是道家之所禁……'"《史记·齐悼惠王世家》:"召平曰:嗟乎!道家之言'当断不断,反受其乱',乃是也。遂自杀。"由此或可推知"道家"一词,可能有更早的来历。司马谈《论六家要旨》或用"道德",或用"道家",时代与此接近,一般认为指黄老道德之术。这里的"道家",根据上面的分析,应该晚于老子学派。至于"道家"作为后人心目中尚有些模糊的一个名目,专指受老子思想影响的思想流派的意义(主要指老庄一系,但陈鼓应先生又有所谓黄老道家、稷下道家之称,也纳于其下),那时代恐怕就更晚了,或许是到魏晋时期才多用"道家"称老庄。因此,当前如果一定要使用"道家"一词,必须首先对其内涵、外延进行严格的定义,绝不能把一个不断变幻的历时性词语,不假思索地当作包容性的共时性词语,把一切相关文献都纳入其下,把后设的意义强加给早先的时代。另外,"道家"一词有其来源,并非如陈启云先生所谓是汉代的历史产品。退一步讲,汉代所称的"道家",可能主要指黄老道家,不

---

① 陈启云:《"儒家"、"道家"在中国古代思想文化史中的定位》,见《中国古代思想文化的历史论析》,108页。

是陈鼓应先生所在意的老庄。

上述不假思索的"预设"所导致的方法论上的问题是，学者们参考司马谈之说，用不完全归纳法，在有限的文献中，归纳出了所谓"儒家""道家"乃至儒家内部不同派别的思想特点（这些特点都是条列森严、大而化之的教科书语言），然后再用这些并不能获得公认的"标准"去演绎、推理，以确定其他人物、文本、观点的属性，有之则是，无之则非。像陈鼓应先生所说的"儒家将关注的重点放到了伦理、政治问题上，因而对自然天道方面的问题不甚感兴趣"，便是仅根据《论语》《孟子》等书来归纳、确定儒家思想。之后再根据这些归纳的结论，来考察《易传》等文献是否含有儒家思想，由此得出"《易传》道家说"。

学界沿用"儒家""道家"这些名目，其实是日用而不知。如果这些名词已经有了严格的定义，那么我们自然可以对号入座，说某些东西应该是某家的作品。可是，因为是"预设"，所以大家心里其实并没有一个统一的定义或判定标准，只是有一个大概的印象，这是非常不严肃的。但是，如果有人真要给这些名目下定义，那他可能又不免要先来认定《易传》之类的作品该归入哪一家，然后再进行归纳，得出定义。而这样得出的定义，又如何能够让所有人都信服呢？

在"儒家""道家"这些名目里绕来绕去，其结果是把两千多年前具体的思想流传和鲜活的历史，装在了"儒家""道家"这样的思想套子里，奄奄一息。学者们是在运用"儒家""道家"这样格式化的思想型去思考问题，利用它们与两千多年前的人艰难地"对话"；而事实上，这些疏阔的"话语"把我们套牢了，离开了它们，许多人无法"说话"；这些后设的眼光，也把先秦思想流传的实际，给限定死了。像郭店简、上博简出版发行之后，很多人就在讨论某篇有某一家的思想，该属于哪一家，某篇有哪几家思想合流倾向，等等。其方法不过是寻章摘句找相同。然而不少努力所得出的最后结论，往往不过是以古就今，因为我们思考的前提有一个"儒家""道家"的"预设"及受之支配的方法论，而这个"预设"和方法论却未必符合当时的实际。比如说谈论到父慈子孝、主惠臣忠，很多人马上会调出儒家思想作为原型来思考问题，会认为凡是有这些思想的人，应该都属于儒家或受到了儒家思想的影响。而实际上，这是"公言"，孔子之前早已有了类似的思想，先秦诸子很多人在谈论社会人伦时，都复述了相近的话。只是在相同的"公言"之下，达到目标的手段并不一致。①

第三节　结语

总之，"《易传》道家说"不仅是一个存在疑问的假说，而且其命题本身都值得质疑。既然"《易传》道家说"很难成立，那么"道家主干说"也就缺乏文献依托了，将成为无源之水、无本之木。近年来，郭店楚墓竹简儒学典籍《六德》中出现了六经之名（又见于《语丛一》），这

---

①　参见拙作《从"六位"到"三纲"》，见《新出简帛的学术探索》，344～354页。

对于判定《易传》的年代及其与儒学的关系,很有帮助。①

当然,陈鼓应先生之说,是在学界初接触出土文献的时代提出的观点。陈鼓应先生重视出土文献的价值,致力于推进出土文献的研究,并且反对用陈腐的古书辨伪方法说明问题。他也有不少有价值的观点,尤其是在讨论《象传》与《庄子》的关系时,指出二者"概念上的相似,绝非偶然现象。如果不是《象传》受到了《庄子》的影响,或《庄子》受到《象传》的影响,那就很可能是两者出于同一作者群"。后来又说道:"《象传》作者与庄子《天道》等篇可能属于同一作者群,或属于同一文化圈。"②此处的"两者出于同一作者群""或属于同一文化圈",对于过去讨论两本古籍之间的关系时常常持有的不是甲抄乙就是乙抄甲这种简单的思维,就是一种很大的突破——虽然这个观点本身也还有疑问,很可能相近文献有相同来源,这就值得进一步探索了。

---

① 参见廖名春:《论六经并称的时代兼及疑古说的方法论问题》,载《孔子研究》,第 1 期(2000 年):47～58 页。

② 陈鼓应:《〈象传〉与老庄》,《〈象传〉的道家思维方式》,见《易传与道家思想》,16、26 页。

第五章　秦简《为吏之道》思想主体分析

1975年出土的云梦睡虎地秦简中,《语书》与《为吏之道》较多地受到思想研究者的关注。本章讨论其中的《为吏之道》篇。

整理者指出:"《为吏之道》由51支竹简组成……分上下五栏书写。……第四、五两栏后面字迹较草的部分,有可能是补写上去的。简文中'除害兴利'一节,每句四字,内容多为官吏常用的词语,有些地方文意不很连贯,推测是供学习做吏的人使用的识字课本。……竹简第五栏有韵文八首,由其格式可以判定是'相',即当时劳动人民舂米时歌唱的一种曲调。……《为吏之道》有不少地方与《礼记》《大戴礼记》《说苑》等相同。"①

仔细考察整理者的注释,会发现《为吏之道》实际上还可以与《老子》《墨子》《商君书》《吕氏春秋》《淮南子》的部分文句互相参考。当然,有些参考仅是出于训诂语词的关系而引用之。

《为吏之道》的主要内容是为吏者正当的行为规范,也包括律法等非思想性内容。已经有不少学者讨论了此篇的中心思想属性,这主要是

---

① 睡虎地秦墓竹简整理小组:《睡虎地秦墓竹简》,280页,北京,文物出版社,1978。

就其和古代思想相关的部分而论的,分析的是《为吏之道》的思想主题,曾有学者作过总结:认为属法家的有张晋藩、高敏、蒋义斌、吴福助等先生;认为属儒家的有黄盛璋、徐富昌等先生;余宗发、张永成、余英时等先生则认为属于儒、道、法等思想的融合。① 实际上,还有谈论此篇与墨家、荀子、文子、黄老思想等相关者。

第一节 学派歧见

有关《为吏之道》的思想属性之说,笔者所掌握的资料如下。

《为吏之道》最初是在当时中国特殊的"儒法斗争"的意识形态背景下被解读的,被认为属于法家文献。因为这一时期的特殊情况,本章就不具体讨论了。

黄盛璋先生认为《为吏之道》"抄写格式一律,必为一人同时所抄",可以分为六种杂抄文书集,分别为《为吏之道》《从政之经》《治事》《魏户律》《魏奔命律》《口舌》。《为吏之道》只是其中第一部分,而且除

---

① 参见张晋藩:《从秦简〈为吏之道〉看秦的"治吏"思想》,见《中国法律史论》,96~110页,北京,法律出版社,1982;高敏:《秦简〈为吏之道〉中所反映的儒法融合倾向——兼论儒法诸家思想融合的历史演变》,见《云梦秦简初探》,增订本,238~252页,郑州,河南人民出版社,1981;蒋义斌:《秦简为吏之道在思想史上的意义》,载《简牍学报》,第10期(1981年);吴福助:《睡虎地秦简〈语书〉论究》,载《简牍学报》,第10期(1981年);黄盛璋:《云梦秦简辨正》,载《考古学报》,第1期(1979年);徐富昌:《睡虎地秦简研究》,台北,文史哲出版社,1993;余宗发:《〈云梦秦简〉中思想与制度钩摭》,台北,文津出版社,1992;张永成:《秦简为吏之道篇的版式及其正附文问题》,载《简牍学报》,第10期(1981年);余英时:《士与中国文化》,上海,上海人民出版社,2003。转引自汤浅邦弘:《战国楚简与秦简之思想史研究》,232页,台北,万卷楼图书股份有限公司,2006。

两种魏律外,其他的篇章也有拼集的现象。在此基础之上,黄盛璋先生指出《为吏之道》的"临材(财)见利,不取句(苟)得,临难见死,不取句(苟)免""毋喜富,毋恶贫,正行修身,过(祸)去福存""中(忠)信敬上""龚(恭)敬多让",都是儒家思想。《从政之经》的"为人君则鬼(怀),为人臣则忠;为人父则慈,为人子则孝;……君鬼(怀)臣忠,父慈子孝,政之本也,志彻官治,上明下圣,治之纪也",纯粹为儒家语言。"第二段除讲官府琐杂细事外,其余的也全是儒家思想。""《治事》的中心思想与《从政之经》同。""最末一段《口舌》与《从政之经》'慎之慎之(或戒之戒之),言不可追',同属儒家明哲保身思想。"因此这个杂抄集,"除两种魏律外,其余四篇具有共同的中心思想……全篇使用的语言,是符合儒家的信仰和教条的"[①]。

高敏先生指出:"秦简《为吏之道》中所反映出来的法家思想,同早期的法家思想已经产生了某些变异。这些变异主要表现为儒、法、道几家思想的杂凑。因此,这一事实向我们表明:先秦的法家思想确实处在一个逐步变化的过程中,它在吸收儒、法、道家的某些思想以充实自己,使之成为更为完备的统治思想。"[②]《为吏之道》的简文,以法家为主。

江庆柏先生则认为"这份简书与墨家学派有关,或者说在它的写作

[①] 黄盛璋:《云梦秦简辨正》,载《考古学报》,第1期(1979年):15～19页。
[②] 高敏:《秦简〈为吏之道〉中所反映的儒法融合倾向——兼论儒法诸家思想融合的历史演变》,见《云梦秦简初探》,242页。

过程中受到了墨学的影响"①，并举出了二者文句和思想相近之处的不少例子作为证据；同时以《为吏之道》与《荀子》的思想不同之处，反对季勋所指出的《为吏之道》与《荀子》文句近似的看法。

余英时先生认为："儒家仁爱教化的吏道观念长期以来早已在大传统中生根。秦代法令虽严苛，却始终不能把这种根深蒂固的观念从一般人的心中完全消灭掉。这是政教分离的必然结果……秦代存在两种不同的'吏道'观，分别代表着'政'与'教'两个方面。"他区分了《语书》和《为吏之道》的不同性质，指出："这两个文件的性质恰好可以说明'政''教'两种'吏道'观的分歧。"《语书》"代表的是秦代官方对于'吏道'的观点。但是《为吏之道》……是私人编写的……《为吏之道》在思想上的最大特色，便是混合了儒、法、道各家的成分。更值得注意的是其中儒家思想还占据着主要的位置……《为吏之道》所反映的显然是大传统中的吏道观……兼重吏的教化功能，在政治秩序之外还关心到文化秩序"②。

吴福助先生根据整理者的看法，认为《为吏之道》是"文武吏员学徒受训学吏所用的道德教材……其中'除害兴利'以下四十九句，乃是嬴秦宦学识字教材"，但是又指出"全文未见押韵、分类，意义缺乏连贯"，"说明此篇确系由手抄者随意杂凑而成，其篇章原貌已经过严重割

---

① 江庆柏：《〈睡简〉〈为吏之道〉与墨学》，载《陕西师范大学学报（哲学社会科学版）》，第4期（1983年）：111页。

② 余英时：《士与中国文化》，151页。

裂而致泯灭，无从查考了"。①吴福助先生又提出《为吏之道》为嬴秦宦学道德教材之说，并指出"《为吏之道》以法家思想为主体，吸收和采纳儒、道两家思想中适合嬴秦统治阶级需要的部分，用以充实和完备法家思想的倾向，并非个别的偶然现象"②。

刘天奇先生认为"《为吏之道》反映了黄老思想的倾向"③，刘先生的前提是同意《吕氏春秋》"是黄老文学而非杂家的作品的观点"，以此书与《为吏之道》多做对照。

魏启鹏先生认为秦简《为吏之道》的基本思想，与文子学派"循道宽缓"之旨吻合，并就简文与《文子》书的关系，加以疏证阐释。④

欧阳祯人先生认为："从思想上来讲，《为吏之道》中儒、法、道各家是互补的、互渗的，当然各家的层次、地位还是有区别的。也就是说，虽然法家的功利性随处可见，特别是在实践中，在具体的操作上，法家的理念显得行之有效；但是，儒家的思想却是《为吏之道》的根本。"他举"为人君则鬼（怀）"一段为例，进而指出："《为吏之道》在思想内容上从以下八个方面体现了儒家的思想，笔者以为其中还有内在

---

① 吴福助：《睡虎地秦简论考》，139、143、149页，台北，文津出版社，1994。
② 吴福助：《睡虎地秦简论考》，198页。
③ 刘天奇：《黄老政治的初次实践——从秦简〈为吏之道〉看秦国的黄老政治》，载《唐都学刊》，第5期（1994年）：28页。
④ 参见魏启鹏：《文子学派与秦简〈为吏之道〉》，见陈鼓应主编：《道家文化研究》，第18辑，163～179页，2000。

的逻辑性。"①

刘文瑞先生认为《为吏之道》的本质仍然是法治的,那种将《为吏之道》从官吏的道德修养角度做出规范的内容,认为是儒家思想的体现的观点,是把儒家思想中的思孟学派当作儒家思想主体的误解。②

张敏先生认为《为吏之道》似乎不是识字教材,而是做官的教科书,是政治读物,充满儒家和道家思想,尤其是战国后期的儒家思想。《为吏之道》要求官员们"除害兴利,慈爱百姓"的主张,是继承了秦以前对官吏品格严格要求的思想。③

王化平先生认为《为吏之道》的主要思想与法家有极大的反差,"弱民、重刑等法家的标准论点难以在《为吏之道》中发现",《为吏之道》具有很多儒、道的思想,遂以为,《为吏之道》是以道家思想为主的文献,而不是以法家为主且杂以诸家思想。④

陈战峰先生则认为:"《为吏之道》不是简单对儒、道、法三家思想的拼凑杂糅,而是在具体的历史时空中出现的法家作品。"⑤

汤浅邦弘先生在比对了所谓属于儒家、道家的思想段落之后,提出

---

① 欧阳祯人:《〈为吏之道〉的儒家思想发微》,见庞朴等:《郭店楚简与早期儒学》,台北,台湾古籍出版有限公司,2002;《略论秦简〈为吏之道〉的儒家思想》,见丁四新主编:《楚地出土简帛文献思想研究》(一),武汉,湖北教育出版社,2002。

② 参见刘文瑞:《德、礼、法的嬗变与渗透——秦国政治思想杂论》,见秦始皇兵马俑博物馆《论丛》编委会编:《秦文化论丛》,第9辑,西安,西北大学出版社,2002。

③ 参见张敏:《秦代的官德——读〈为吏之道〉》,见秦始皇兵马俑博物馆《论丛》编委会编:《秦文化论丛》,第9辑。

④ 参见王化平:《秦简〈为吏之道〉及相关问题研究》,四川大学硕士学位论文,2003年5月。

⑤ 陈战峰:《从睡虎地秦简〈为吏之道〉看秦思想文化的发展》,载《西安电子科技大学学报(社会科学版)》,第14卷第2期(2004年6月):67页。

《为吏之道》最终的目标是贯彻法治在基层的统治,具有折中思想倾向。汤浅先生比较《语书》和《为吏之道》,指出秦国统治具有二重结构,即中央和基层有差异,而"吏的立场是处于秦国法治与地方习俗间的微妙地带"①。这一点与余英时之说不同,很富启发意义。

俞志慧先生则认为《为吏之道》"杂取先秦各种思想于一体,具有集锦特色"。"这一特色使得《为吏之道》具有以下思想史意义:它体现了那一时期思想文化的融合趋势,从草根文化层面体现得如此集中明显,在此前的传世文献中尚未发现;这一特色也告诉我们先秦诸子有着共同的思想文化资源,相似的知识背景、话语平台和相近的问题意识;在法家思想大行其道的秦代,《为吏之道》的思想基调与儒道思想更为接近,证明了儒道思想的生命力。考虑到这份材料只针对基层官吏,故不能将《为吏之道》视为秦代思想世界的简单化约,专制者所奉行的还是法家思想;《为吏之道》更多技术层面上的守则,缺乏儒道创始人对于大道的关怀,这又是其思想史意义的局限性所在。"②

赵书生先生赞同高敏《为吏之道》系儒、法、道等各家思想杂凑的观点,也认同黄盛璋、欧阳祯人所说此篇以儒家思想为本之论。③

鲁普平先生在参考笔者关于学派等问题的意见后,提出:"云梦秦

---

① 汤浅邦弘:《战国楚简与秦简之思想史研究》,230～240 页。
② 俞志慧:《秦简〈为吏之道〉的思想史意义——从其集锦特色谈起》,载《浙江社会科学》,第 6 期(2007 年):140～146 页。
③ 参见赵书生:《上博楚简〈从政〉与睡虎地秦简〈为吏之道〉合论》,见丁四新主编:《楚地简帛思想研究》(三),253～256 页,武汉,湖北教育出版社,2007。

简《为吏之道》作为官箴文献,在文本内容上所反映的思想基本上是先秦一种共识思想。这种思想不能笼统地说属于先秦哪一学派,因为这些思想不止一家涉及,其他各派或多或少都有涉及。"①

第二节 学派判定中的问题

以上对于《为吏之道》(除两条魏律)思想特色的看法,越来越倾向于其中包含着多家思想元素。而判定思想元素的方法,则主要是摘取竹简文句或关键词与传世文献对比,由传世文献所属学派,来判定《为吏之道》中部分文字的思想属性。

笔者以为,这种判定思想属性的方法,存在一定的问题。

首先,虽然先秦有"儒""墨"之称,也有"刑名之家"等名称,甚至出现了以"道"为核心思想标志者②,但是"道家"之所指以及这一名称的时代性,仍然比较含糊。目前所见,它最早出现于汉初,但是它到底是黄老道家还是河上丈人这一系抑或老庄之流,还需要考察。至于法家,虽然司马谈运用了这一名称,但是司马迁在《史记》中并没有指实谁为法家,只有黄老刑名法术之类的说法。我们所熟悉的法家人物,实际上是根据《汉书·艺文志》的图书分类法反推而得出的结论。而儒家、墨家之下,支流林立,似乎也需要进一步细分。像余英时先生那样

---

① 鲁普平:《云梦秦简〈为吏之道〉伦理思想之分析》,"简帛研究"网,2013年8月28日。

② 参见拙作《"六家"、"九流十家"与"百家"》,见《战国秦汉时期的学派问题研究》,3~21页,北京,北京师范大学出版社,2011。

笼统地谈论作为大传统的儒学，有可能对孔子之前的文化传统和孔门儒学的特色未作区分。

其次，章学诚提出诸子"言公"，诚为卓识。古书中出现与《为吏之道》相近的文句，很值得重视。可是如果从"言公"的立场来看，那么《为吏之道》虽然有个别文句可与传世的儒家文献等对比，却很可能只是"言公"。我们今天所见先秦古籍非常少，而且不少传世文献成书或编定于后世（如《说苑》），其文本来源相当复杂，能否因内中出现与《为吏之道》相近的文句，就根据这些传世文献的思想属性来推断《为吏之道》本文的思想特色，还颇值得怀疑。此外，诸子"言公"，但是公言之下往往藏有私意，这是更值得关注的情况。①

最后，《为吏之道》的性质和特点还需要认真考虑。张永成先生曾根据竹简形制，将黄盛璋所说六篇分为正文和附文，这虽与思想属性没有直接关系，但是对于文本分析而言，非常有价值。他认为："'魏户律''魏奔命律''口舌'三类，书写于第十六至三十七枚简第五栏，其下犹有十四行（第三十八至五十一枚）空白。又'从政之经'类中，'长不行'至'货不可归'四十六字，书写于第四十四至五十枚简第四栏，其下亦有一行（第五十一枚）空白。这些部分字迹潦草且明显地向左下角倾斜，类似左手执笔者，与其余部分的端正平整不同，应系出自另一人手笔，为补白而作者。而且两条魏律内容与《为吏之道》题旨全无关

---

① 参见拙作《从"六位"到"三纲"》，见《新出简帛的学术探索》，344～354页。

系。……文中出现六个'也'字，与出土秦简一律用'殹'字（凡出现一三二次），用字习惯尤其迥异。因而上述这些部分应可视为《为吏之道》的'附文'，宜与'正文'区别看待。"①如果《为吏之道》确为杂抄且有"正文"与"附文"之别，那么笼统地判断其中心思想的特点，到底有多大意义甚至于有没有意义，值得重新考量。

第三节　对《为吏之道》的分析

根据这些疑问，笔者以为，《为吏之道》并没有特别地体现出儒家的特点。所谓最能体现儒家思想特点的文句，主要是"为人君则鬼（惠）②，为人臣则忠；为人父则慈，为人子则孝，……君鬼（惠）臣忠，父慈子孝，政之本也，志彻官治，上明下圣，治之纪也"。

可是君臣、父子的伦理准则，历来都受到重视，如《逸周书·常训》已经提到"八政"："夫妻、父子、兄弟、君臣。"相近讨论其间关系之语有不少，如《左传·隐公三年》："君义，臣行，父慈，子孝，兄爱，弟敬，所谓六顺也。"后来也并非只有孔子说"君君，臣臣，父父，子子"这一类话，如竹简《文子》记文子答平王："是以君臣之间有道，则［忠惠；父子之］间有道，则慈孝。士庶间有道，则［相爱］。"③《墨

---

① 转引自吴福助：《睡虎地秦简论考》，176 页。
② "惠"字从蔡伟说。参见蔡伟：《误字、衍文与用字习惯——出土简帛古书与传世古书校勘的几个专题研究》，146 页，台湾，花木兰文化事业有限公司，2019。
③ 河北省文物研究所定州汉简整理小组：《定州西汉中山怀王墓竹简〈文子〉释文》，载《文物》，第 12 期（1995 年）：29 页。据《通玄真经》补齐。

子·兼爱下》提出:"故兼者,圣王之道也,王公大人之所以安也,万民衣食之所以足也。故君子莫若审兼而务行之,为人君必惠,为人臣必忠,为人父必慈,为人子必孝,为人兄必友,为人弟必悌。"《慎子》提出:"君明臣直,国之福也;父慈子孝,夫信妻贞,家之福也。"①《庄子》外篇《天道》有:"君先而臣从,父先而子从,兄先而弟从,长先而少从,男先而女从,夫先而妇从。夫尊卑先后,天地之行也,故圣人取象焉。"

这些话和《为吏之道》一样,强调君臣、父子两方面的标准(或者说特殊身份的人,处于双重角色时的不同标准)。借用余英时先生的观点,这反映了大传统的意见(当然,不必将此大传统看为儒家的)。所以,强调君惠臣忠、父慈子孝,这是"言公"之论。但是公言之下,诸子学派达到这个伦理的私意,则很不一样。②

值得注意的是,与上述提倡两方面的标准相反,《商君书·画策》中提出:"所谓义者,为人臣忠,为人子孝,少长有礼,男女有别。"《韩非子·忠孝》指出:"父而让子,君而让臣,此非所以定位一教之道也。臣之所闻曰:'臣事君,子事父,妻事夫。三者顺则天下治,三者逆则天下乱,此天下之常道也。'"突出强调下位者单方面的服从,与后世"三纲"之说接近,和上述公言不同,可以说是所谓"法家"的特别观点。而上引《为吏之道》恰恰是提倡两方面的标准的,因此,《为吏之道》

---

① 《慎子》佚文,"丛书集成初编"本,15 页,北京,中华书局,1985。
② 参见拙作《从"六位"到"三纲"》,见《新出简帛的学术探索》,344～354 页。

的"为人君则鬼(惠),为人臣则忠;为人父则慈,为人子则孝,……君鬼(惠)臣忠,父慈子孝,政之本也,志彻官治,上明下圣,治之纪也"这一段落,或许倒可以说明它并没有体现所谓"法家"的观点。

因此,其余的可以与传世文献对应的文句,似乎也应当从"言公"或所谓大传统的角度去看待。比如可以与《为吏之道》对应的见诸《礼记》《大戴礼记》《说苑》之语,其实出于《礼记·曲礼》《大戴礼记·武王践阼》《说苑·谈丛》等篇,这些篇章的儒家特色并不强。而强调为人处世要谨慎、强调自身修养的一些话,见诸六艺经传以及《逸周书》《国语》等。道术为天下裂,我们似乎不宜带着《为吏之道》体现某家思想的意图去刻意地寻章摘句。笔者以为,寻章摘句作为校勘训诂是非常正当的,但是要由之进而推断《为吏之道》的学派属性,则很危险。[①]

《为吏之道》并没有大量的非常明显地体现某一家思想的言词;仔细考察许多学者提出的学派意见及其证据,其实也很难成立——虽然不少学者怀有从这份文献看出秦王朝实际上也是诸子百家的学术活动非常活跃的地区这种想法。比如江庆柏先生认为简书中的"除害兴利"是墨学的专用名词,但是余英时先生指出这四个字在汉代常用在地方官身上,因此它有可能是"言公"而未必为墨家之专门术语。或者说我们所见先秦书籍太少,所以仅见墨家较强地显示了和"除害兴利"的相关性,而汉代"除害兴利"之语,未必一定是借用于墨家思想,很有可能自有渊源。

[①] 参见拙作《"同文"分析法评析》,见《同文与族本——新出简帛与古书形成研究》,156～173页,上海,中西书局,2017。

《为吏之道》包含"正文""附文"之说很值得重视。笔者以为,作为杂抄,我们不必强求《为吏之道》要有统一的中心思想或体现受某家思想影响(即便真有某些文句是抄自某家子书),它所能反映的,倒更在于持有者——小吏喜的身份特征和思想倾向。这些杂抄,对于小吏喜来说,可能有一定的实用性和指导性,某些言语或不乏座右铭的性质。

与此类似的,是郭店楚简中的《语丛》诸篇。《语丛》可能并非识字或教书课本,很可能只是郭店墓主身前的杂抄(也有可能是通过某种途径获得的杂抄集),内容也相当庞杂。因为墓主身前可能很喜欢学术书籍,身份为士,所以这些杂抄就比较有思想性。我们也不必强求《语丛》诸篇有统一的思想或中心思想。

总之,《为吏之道》篇作为宝贵的秦文献,还有许多值得研究的地方。与之类似的是近几十年来出现的大量简帛文献,在分析这些文献的思想特色时,常常出现"百家争鸣"的意见。也许,我们更应该反省我们的研究方法,避免过度地进行诠释。

1993年,江陵王家台15号秦墓中出土了《效律》《日书》《归藏》《政事之常》等竹简。其中《政事之常》有不少内容可以与《为吏之道》中《从政之经》的内容相对照,并且还有注疏,可惜全部材料还没有完全公布。① 王家台秦墓无椁室,无墓道,应该也是小吏的墓葬。② 这或许也

---

① 参见王明钦:《王家台秦墓竹简概述》,见艾兰、邢文编:《新出简帛研究》,26~49页,北京,文物出版社,2004。
② 参见荆州地区博物馆:《江陵王家台15号秦墓》,载《文物》,第1期(1995年):37~43页。

能表明，考察类似《为吏之道》《政事之常》这样的文献，不宜将之与诸子百家之学联系起来进行过度诠释。湖南大学岳麓书院所购买的秦简《为吏治官及黔首》也有可与《为吏之道》简文对应的内容，材料已经公布。[1] 北京大学 2010 年所获秦简之中，也有与《为吏之道》《为吏治官及黔首》内容相近者，曾被定名为《为吏之道》[2]，后来被命名为《从政之经》[3]。北大简的整理者曾经分析了《为吏之道》与《为吏治官及黔首》，指出"睡虎地秦简与北大简内容相对应的各节在节序上有别"，"这部分内容相合的简文在当时已是一个较成熟的文本，各节文字基本稳定，而节序上的不同，体现了一定的文本差别，也说明各节原本是相对独立的文章，这一部分简文实际是由五节相对独立的文章杂抄到一起的"[4]。

所以，《为吏之道》等作为杂抄，应该是我们进行分析的前提。故对其思想进行分析，就不能笼统地讨论，必须要分篇分章节来研究。研究时尤其要注意自己分析时的指导思想和方法论，否则很容易过于主观地寻求有利于自己的结论。

---

[1] 参见朱汉民、陈松长主编：《岳麓书院藏秦简》（壹），上海，上海辞书出版社，2010。
[2] 参见北京大学出土文献研究所：《北京大学新获秦简牍概述》，载《北京大学出土文献研究所工作简报》，总第 3 期（2010 年 10 月）：3～4 页。
[3] 参见北京大学出土文献研究所：《北京大学藏秦简牍概述》，载《文物》，第 6 期（2012 年）：67 页。
[4] 朱凤瀚：《北大藏秦简〈从政之经〉述要》，载《文物》，第 6 期（2012 年）：74～80 页。

第六章　郭店楚简《穷达以时》再考

郭店楚墓竹简《穷达以时》一篇,与传世文献颇多能对应者,学者们都认为简文与孔子在陈绝粮之事有关。整理者指出:"其内容与《荀子·宥坐》、《孔子家语·在厄》、《韩诗外传》卷七、《说苑·杂言》所载孔子困于陈蔡之间时答子路的一段话类似,与后二书所载尤为相近。"①

其实学者们已经指出,与《穷达以时》相关的文献还有不少,由之引出了许多有趣的意见,有一些笔者不敢苟同,下面试论之。

第一节　相关文献

按《说苑·杂言》有前后两段与《穷达以时》相关,为讨论方便,先将这几则文献引录如下。

《荀子·宥坐》:

> 孔子南适楚,厄于陈、蔡之间,七日不火食,藜羹不糁,弟子皆有饥色。子路进问之曰:"由闻之:为善者天报之以福,为不善

---

① 荆门市博物馆:《郭店楚墓竹简》,145页,北京,文物出版社,1998。

者天报之以祸。今夫子累德、积义、怀美,行之日久矣,奚居之隐也?"孔子曰:"由不识,吾语女。女以知者为必用邪?王子比干不见剖心乎!女以忠者为必用邪?关龙逢不见刑乎!女以谏者为必用邪?吴子胥不磔姑苏东门外乎!夫遇不遇者,时也;贤不肖者,材也;君子博学深谋不遇时者多矣。由是观之,不遇世者众矣,何独丘也哉!且夫芷兰生于深林,非以无人而不芳。君子之学,非为通也;为穷而不困,忧而意不衰也,知祸福终始而心不惑也。夫贤不肖者,材也;为不为者,人也;遇不遇者,时也;死生者,命也。今有其人不遇其时,虽贤,其能行乎?苟遇其时,何难之有?故君子博学、深谋、修身、端行以俟其时。"孔子曰:"由!居!吾语女。昔晋公子重耳霸心生于曹,越王句践霸心生于会稽,齐桓公小白霸心生于莒。故居不隐者思不远,身不佚者志不广。女庸安知吾不得之桑落之下!"

《孔子家语·在厄》:

楚昭王聘孔子,孔子往拜礼焉,路出于陈、蔡。陈、蔡大夫相与谋曰:"孔子圣贤,其所刺讥,皆中诸侯之病。若用于楚,则陈、蔡危矣。"遂使徒兵距孔子。孔子不得行,绝粮七日,外无所通,藜羹不充,从者皆病。孔子愈慷慨讲诵,弦歌不衰,乃召子路而问焉,曰:"《诗》云:'匪兕匪虎,率彼旷野。'吾道非乎,奚为至于此?"子路愠,作色而对曰:"君子无所困。意者夫子未仁与,人之弗吾信也?意者夫子未智与,人之弗吾行也?且由也昔者闻诸夫子:'为善者,天报之以福;为不善者,天报之以祸。'今夫子积德怀义,行之久矣,奚居之穷也?"子曰:"由未之识也,吾语汝:汝以仁者为必信也,则伯夷、叔齐不饿死首阳;汝以智者为必用也,则王子比干不见剖心;汝以忠者为必报也,则关龙逢不见刑;汝以谏者为必听也,则伍子胥不见杀。夫遇不遇者,时也;贤不肖者,才也。君子博学深谋而不遇时者众矣,何独丘哉!且芝兰生于深林,不以无人而不芳,君子修道立德,不为穷困而改节。为之者,人也;生死者,命也。是以晋重耳之有霸心,生于曹、卫;越王句践之有霸心,生于会稽。故居下而无忧者,则思不远;处身而常逸者,则志不广。庸知其终始乎?"子路出。召子贡,告如子路。子贡曰:"夫子之道至大,故天下莫能容夫子,夫子盍少贬焉?"子曰:"赐,良农能稼,不必能穑;良工能巧,不能为顺。君子能修其道,纲而纪之,不必其能容。今不修其道,而求其容。赐,尔志不广矣,思不远矣!"子贡出。颜回入,问亦如之。颜回曰:"夫子之道至大,天下莫能容,虽然,夫子推而行之,世不我用,有国者之丑也,夫子何病焉?不容然后见君子。"孔子欣然叹曰:"有是哉,颜氏之子!吾亦使尔多财,吾为尔宰。"

《韩诗外传》卷七第六章:

孔子困于陈蔡之间,即三经之席,七日不食,藜羹不糁,弟子有饥色，读《诗》《书》习礼乐不休。子路进谏曰："为善者，天报之以福。为不善者，天报之以祸。今夫子积德累仁，为善久矣。意者尚有遗行乎，奚居之隐也？"孔子曰："由来！汝小人也，未讲于论也。居，吾语汝。子以知者为无罪乎，则王子比干何为刳心而死？子以义者为听乎，则伍子胥何为抉目而悬吴东门？子以廉者为用乎，则伯夷叔齐何为饿于首阳之山？子以忠者为用乎，则鲍叔何为而不用，叶公子高终身不仕，鲍焦抱木而立，子推登山而燔？故君博学深谋，不遇时者众矣。岂独丘哉？贤不肖者材也。遇不遇者时也。今无有时，贤安所用哉？故虞舜耕于历山之阳，立为天子，其遇尧也。傅说负土而版筑，以为大夫，其遇武丁也。伊尹故有莘氏僮也，负鼎操俎调五味，而立为相，其遇汤也。吕望行年五十，卖食棘津，年七十屠于朝歌，九十乃为天子师，则遇文王也。管夷吾束缚自槛车，以为仲父，则遇齐桓公也。百里奚自卖五羊之皮，为秦伯牧牛，举为大夫，则遇秦缪公也。虞丘名闻于天下，以为令尹，让于孙叔敖，则遇楚庄王也。伍子胥前功多，后戮死，非知有盛衰也，前遇阖闾，后遇夫差也。夫骥罢盐车，此非无形容也，莫知之也。使骥不得伯乐，安得千里之足？造父亦无千里之手矣。夫兰茞生于茂林之中，深山之间，不为人莫见之故不芬。夫学者非为通也。为穷而不困，忧而志不衰，先知祸福之终始，而心无惑焉。故圣人隐居深念，独闻独见。夫舜亦贤圣矣，南面而治天下，惟其遇尧也。使舜居桀纣之世，能自免于刑戮之中，则为善矣，亦何位之有？桀杀关龙逢，纣杀王子比干，当此之时，岂关龙逢无知，而王子比干不慧乎哉？此皆不遇时也。故君子务学，修身端行而须其时者也。子无惑焉。"《诗》曰："鹤鸣九皋，声闻于天。"

《说苑·杂言》两则：

孔子遭难陈、蔡之境，绝粮。弟子皆有饥色。孔子歌两柱之间。子路入见曰："夫子之歌，礼乎？"孔子不应，曲终而曰："由，君子好乐为无骄也，小人好乐为无慑也，其谁知之？子不我知而从我者乎？"子路不悦，援干而舞，三终而出。及至七日，孔子修乐不休，子路愠见曰："夫子之修乐，时乎？"孔子不应，乐终而曰："由，昔者齐桓霸心生于莒，句践霸心生于会稽，晋文霸心生于骊氏。故居不幽则思不远，身不约则智不广，庸知而不遇之？"于是兴，明日免于厄。子贡执辔曰："二三子从夫子而遇此难也，其不可忘已！"孔子曰："恶！是何言也？语不云乎，三折肱而成良医？夫陈、蔡之间，丘之幸也。二三子从丘者，皆幸人也。吾闻人君不困不成王，列士不困不成行。昔者汤困于吕，文王困于羑里，秦穆公困于殽，齐桓困于长勺，句践困于会稽，晋文困于骊氏。夫困之为道，从寒之及暖，暖之及寒也，唯贤者独知而难言之也。"《易》曰："困，亨，贞，大人吉，无咎。有言不信。"圣人所与人难言，信也。

孔子困于陈、蔡之间，居环堵之内，席三经之席，七日不食，藜羹不糁，弟子皆有饥色，读《诗》《书》治礼不休。子路进谏曰："凡人为善者，天报以福；为不善者，天报以祸。今先生积德行，为善久矣。意者尚有遗行乎？奚居之隐也！"孔子曰："由，来！汝不知。坐，吾语汝。子以夫知者为无不知乎？则王子比干何为剖心而死？以谏者为必听乎？伍子胥何为抉目于吴东门？子以廉者为必用乎？伯夷、叔齐何为饿死于首阳山之下？子以忠者为必用乎？则鲍庄何为而肉枯，荆公子高终身不显，鲍焦抱木而立枯，介子推登山焚死？故夫君子博学深谋，不遇时者众矣，岂独丘哉！贤不肖者，才也；为不为者，人也；遇不遇者，时也；死生者，命也。有其才不遇其时，虽才不用。苟遇其时，何难之有？故舜耕历山而陶于河畔，立为天子，则其遇尧也。傅说负壤土、释版筑，而立佐天子，则其遇武丁也。伊尹，有莘氏媵臣也，负鼎俎、调五味而佐天子，则其遇成汤也。吕望行年五十，卖食于棘津，行年七十，屠牛朝歌，行年九十，为天子师，则其遇文王也。管夷吾束缚胶目，居槛车中，自车中起为仲父，则其遇齐桓公也。百里奚自卖取五羊皮，伯氏牧羊以为卿大夫，则其遇秦穆公也。沈尹名闻天下，以为令尹，而让孙叔敖，则其遇楚庄王也。伍子胥前多功，后戮死，非其智益衰也，前遇阖庐，后遇夫差也。夫骥厄罢盐车，非无骥状也，夫世莫能知也。使骥得王良、造父，骥无千里之足乎？芝兰生深林，非为无人而不香。故学者非为通也，为穷而不困也，忧而不衰也，先知祸福之始而心不惑也。圣人之深念，独知独见。舜亦贤圣矣，南面治天下，唯其遇尧也；使舜居桀、纣之世，能自免于刑戮固可也，又何官得治乎？夫桀杀关龙逢而纣杀王子比干，当是时，岂关龙逢无知而比干无惠哉？此桀、纣无道之世然也。故君子疾学，修身端行，以须其时也。"

此前向宗鲁先生于《说苑校证·杂言》中曾指出："《论语·卫灵公》《史记·孔子世家》皆略记孔子绝粮事；而《庄子·山木》篇、《庄子·让王》篇、《荀子·宥坐》篇、《吕氏春秋·慎人》篇、《韩诗外传》卷七、《风俗通义·穷通》篇、《孔子家语·在厄》篇、《孔子家语·困誓》篇及本书所载两节尤详。文虽错互，皆可取证。至《墨子·非儒》篇载子路烹豚沽酒事，乃污蔑之言。《吕氏春秋·任数》篇载颜子拾尘事，《孔子家语·在厄》篇用之，似亦未可信，今不取。"①

为讨论方便，也将《吕氏春秋·慎人》《风俗通义·穷通》引录如下。《吕氏春秋·慎人》：

孔子穷于陈、蔡之间，七日不尝食，藜羹不糁。宰予备矣，孔子弦歌于室，颜回择菜于外。子路与子贡相与而言曰："夫子逐于鲁，削迹于卫，伐树于宋，穷于陈、蔡，杀夫子者无罪，藉夫子者不禁，夫子弦歌鼓舞，未尝绝音，盖君子之无所丑也若此乎？"颜

---

① 刘向著、向宗鲁注解：《说苑校证》，421～422页，北京，中华书局，1987。

回无以对，入以告孔子。孔子憪然推琴，喟然而叹曰："由与赐，小人也。召，吾语之。"子路与子贡入。子贡曰："如此者可谓穷矣。"孔子曰："是何言也？君子达于道之谓达，穷于道之谓穷。今丘也，拘仁义之道，以遭乱世之患，其所也，何穷之谓？故内省而不疚于道，临难而不失其德。大寒既至，霜雪既降，吾是以知松柏之茂也。昔桓公得之莒，文公得之曹，越王得之会稽。陈、蔡之阨，于丘其幸乎！"孔子烈然返瑟而弦，子路抗然执干而舞。子贡曰："吾不知天之高也，不知地之下也。古之得道者，穷亦乐，达亦乐。所乐非穷达也，道得于此，则穷达一也，为寒暑风雨之序矣。故许由虞乎颍阳，而共伯得乎共首。"

《风俗通义·穷通》：

孔子困于陈、蔡之间，七日不尝粒，藜羹不糁，而犹弦琴于室，颜回择菜于户外。子路、子贡相与言曰："夫子逐于鲁，削迹于卫，拔树于宋，今复见厄于此。杀夫子者无罪，籍夫子者不禁，夫子弦歌鼓舞，未尝绝音。盖君子之无耻也，若此乎！"颜渊无以对，以告孔子。孔子恬然推琴，喟然而叹曰："由与赐，小人也。召，吾语之。"子路与子贡入，子路曰："如此可谓穷矣。"夫子曰："由，是何言也！君子通于道之谓通，穷于道之谓穷。今丘抱仁义之道，以遭乱世之患，其何穷之为？故内省而不疚于道，临难而不失其德。大寒既至，霜雪既降，吾是以知松柏之茂也。昔者桓公得之莒，晋文公得之曹，越得之会稽。陈、蔡之厄，于丘其幸乎！"

第二节　简文时代及学派的歧见

廖名春先生指出："不能说简文出于《荀子》，因为《荀子·宥坐》明言上述言论是孔子语。《韩诗外传》卷七有与《荀子·宥坐》相通的记载，也说是'孔子曰'。因此，《穷达以时》当出于孔子。不称'孔子曰'当与体裁、来源有关……简文《穷达以时》当是《荀子·宥坐》、《韩诗外传》卷七记载的源头。"①

李学勤先生认为："《穷达以时》原来开头也应该有孔子困于陈、蔡的记事，以及对话的引端，只是由于简的缺失而脱去了。""《穷达以时》的现存文字，可以分为前后两个段落。前面的那个段落，现在只剩下这样几句：'……有天有人，天人有分，察天人之分，而知所行矣。'后面的一段，中心思想是贤者能否显达，取决于是否有适当的时机。"李先生进一步根据"《穷达以时》后面一段的思想"，将有关各种文献按照"载籍的出现先后"，排列如下：

《穷达以时》→《庄子·让王》→《荀子·宥坐》→《吕氏春秋·慎人》→《韩诗外传》卷七→《说苑·杂言》→《风俗通义·穷通》→《孔子家语·在厄》

---

① 廖名春：《郭店楚简儒家著作考》，载《孔子研究》，第3期（1998年）：72页。

他指出,《庄子·山木》篇的"人与天一"实际是《穷达以时》"天人有分"的反命题;荀子讲"天人之分"比较《穷达以时》说的"天人之分"大为发展,而且理论化了。因而他相信《穷达以时》至少是对孔子思想的引申演绎,荀子《天论》思想可能源于传《易》的子弓。①

关于郭店楚简的年代,李学勤先生指出:"郭店一号墓的年代,与孟子活动的后期相当,墓中书籍都为孟子所能见。《孟子》七篇是孟子晚年撰作的,故而郭店竹简典籍均早于《孟子》的成书。"②

徐在国先生考订"咎䌛"二字,指出咎䌛系傅说之误。③ 刘乐贤先生仔细分析了《穷达以时》与《吕氏春秋·慎人》,指出二篇在"天""人"的含义和用法,以及有关百里奚的记载上一致;并根据《孟子》中有关百里奚的记载,指出《说苑》《韩诗外传》等书的"自卖"说不可信。④ 白于蓝先生则根据《穷达以时》所记"孙叔三谢期思少司马",指出《庄子·田子方》《荀子·尧问》《吕氏春秋·知分》等所记孙叔敖"三相三去"是子文之误。⑤ 李步嘉先生则由郭店简考订吕望之事,发现"《战国策》'废屠'与《韩诗外传》'屠牛'等说其来有自,

---

① 参见李学勤:《天人之分》,见郑万耕主编:《中国传统哲学新论》,239～244页,北京,九州图书出版社,1999。
② 李学勤:《先秦儒家著作的重大发现》,见《中国哲学》,第20辑,15页。
③ 参见徐在国:《释"咎䌛"》,载《古籍整理研究学刊》,第3期(1999年):36～42页。
④ 参见刘乐贤:《〈穷达以时〉与〈吕氏春秋·慎人〉》,见饶宗颐主编:《华学》,第4辑,89～94页,北京,紫禁城出版社,2000。
⑤ 参见白于蓝:《孙叔敖"三相三去"考》,载《中国史研究》,第2期(2001年):170～171页。

历代注家疑云可除"①。

关于《穷达以时》篇中的思想观念，庞朴先生认为《穷达以时》的"天人之分"，"决非荀子那个'天人之分'"，"因为这个天，不是荀子那个'不为尧存，不为桀亡'的自然之天，而是如文中所说的那样，是或有或无的'世'，不可强求的'遇'，穷达以之的'时'"②。梁涛先生指出："天人之分是早期儒家的一个基本主张。竹简的天人之分影响到孟子，而与荀子有所不同。荀子的天人之分内涵较复杂，以往学术界的理解有简单化的嫌疑。孟子、荀子其实都讲天人之分，也讲天人合一，只是在具体层面上有所不同而已。"③李英华先生认为："郭店竹简《穷达以时》关于'察天人之分'的观点，当是荀子提出'明于天人之分'的思想渊源之一。但'察天人之分'与'明于天人之分'的思想内涵不尽相同。"④

对于《穷达以时》篇的年代，张立文先生认为："'穷达'两字是作为复合词出现的。《孟子·尽心上》'穷不失义，达不离道'，穷达是对偶词……《后汉书》已为复合词。由此可见，《天人》篇（即《穷达以时》——引者按）可能作于孟子晚年，或孟子稍后，而非孟子之前的

---

① 李步嘉：《楚简记"吕望"事考释》，见武汉大学中文系编：《长江学术》，第1辑，240～241页，武汉，长江文艺出版社，2002。
② 庞朴：《孔孟之间——郭店楚简中的儒家心性说》，见《中国哲学》，第20辑，27页。
③ 梁涛：《先秦儒家天人观辨正：从郭店竹简谈起》，载《哲学与文化》，1974：123～141页；《〈穷达以时〉"天人之分"探源》，《〈穷达以时〉"天人之分"与〈孟子〉》，简帛研究网，2001年11月25日、12月7日。
④ 李英华：《荀子天人论的几个问题——兼论郭店竹简〈穷达以时〉》，载《海南大学学报（人文社会科学版）》，第2期（2001年）：13页。

作品。"①

日本池田知久先生根据《穷达以时》所述事与《荀子·宥坐》接近,《穷达以时》中"天人又(有)分"与《荀子·天论》的提法相近,认为《穷达以时》作成于"荀子学派之手,但其思想又从典型的'天人之分'变化而出,可推测是稍后形成的文章"②。

池田先生的《郭店楚简〈穷达以时〉研究》,分两期发表在台湾《古今论衡》杂志上,论述更详。③他先断定有"天人之分"思想的《荀子·天论》篇,是荀子游学稷下时,与庄子学派接触后,虽受其"天人"关系很深影响,但欲推翻他们的否定"人",转为肯定"人"时的作品。《穷达以时》是《荀子·天论》篇问世不久后,在其影响下大体上忠实地继承"天人之分"的思想,然后由荀子后学写定的文献。《穷达以时》也有修改《荀子·天论》篇"天人之分"思想的地方,更接近《吕氏春秋·慎人》篇、《荀子·宥坐》篇,因此其成书年代当在《荀子·天论》篇的成书年代至《吕氏春秋》编撰年代(公元前239—公元前235年)之间。再分析荀子的活动年代,同意内山俊彦关于荀子于公元前265年前后,以五十岁之龄游学稷下的说法,不同意钱穆的观点。

---

① 张立文:《论郭店楚墓竹简的篇题和天人有分思想》,载《传统文化与现代化》,第6期(1998年):11页;又略同于张立文:《〈穷达以时〉的时与遇》,见《中国哲学》,第20辑,217~220页。
② 池田知久:《尚处形成阶段的〈老子〉最古文本——郭店楚简〈老子〉》,见陈鼓应主编:《道家文化研究》,第17辑,167~181页,北京,生活·读书·新知三联书店,1999。
③ 参见池田知久:《郭店楚简〈穷达以时〉之研究》,黄秀敏译,载《古今论衡》,第4期(2000年6月):59~86页;《郭店楚简〈穷达以时〉研究(下)》,黄秀敏译,载《古今论衡》,第5期(2000年12月):65~103页。

他还通过分析，认为荀子在楚国时的弟子韩非子、李斯，继承了《荀子·性恶》篇的思想，这决定了比《性恶》篇早的《天论》篇成书年代的下限。由此推定，《穷达以时》成书在《荀子·天论》篇之后，而在《性恶》篇之前，当作于荀子移至楚国兰陵的公元前255年之前。最后，对郭店一号楚墓下葬于公元前300年前后的说法表示怀疑。

王志平先生也专门论证了《穷达以时》"可能是荀子学派的作品"。王先生首先据《史记·孔子世家》考证孔子厄于陈、蔡的年代（鲁哀公六年）。而崔述已指出《韩诗外传》《说苑》"文尤繁碎，决系秦、汉文字"，"其谬最显而易见者"，乃记孔子言伍子胥、句践后事，"孔子何由预知之而预告之乎"。王先生据《穷达以时》之出土，否定崔述"文尤繁碎，决系秦、汉文字"之说，但认为不能判定《穷达以时》确为孔子所说；而根据《穷达以时》所列举的舜等贤人，和战国时期的尚贤传统接近，认为其背景当在战国时期。然后指出：孔子厄于陈、蔡的最早记载见于《荀子·宥坐》，此为荀子及其后学所作，《韩诗外传》多本《荀子》；荀子境遇与孔子相似；《穷达以时》与荀子的思想也比较吻合；《荀子》中有些关于孔子的记载，疑为荀子之徒伪造；而《庄子·让王》属杂篇，或为庄子后学采荀子学说。由此，王先生认为"《穷达以时》可能是荀子学派的作品"。①

据钱穆先生的考证，孟子卒于公元前305年，荀子卒于公元前245

---

① 王志平：《郭店楚简〈穷达以时〉丛考》，清华大学简帛研讨班论文，见艾兰、邢文编：《新出简帛研究》，290～306页。

年①，因此池田知久、王志平先生的结论，与考古工作者根据墓葬形制和出土器物包括竹简字体笔法等因素进行分析所得出的墓葬年代——公元前4世纪中期至前3世纪初——相去甚远；而张立文先生的结论虽然与之相差不大，但如果考虑到竹简有一个抄写、流传到楚地的过程，恐怕也与考古工作者的结论不符。虽然曾有学者对于考古工作者的楚墓序列提出了质疑②，但是，这种怀疑本身存在许多问题，难以成立③。而此处张立文、池田知久和王志平先生的说法，纯从文献出发，关系到郭店简诸篇的断代问题，值得讨论。

下面笔者提出一些个人浅见，不当之处，以就教于大方之家。

笔者曾据李零、王志平等先生的成果，对《穷达以时》做过校释，今将校定、拟补后之文字，按照通行简体字写下，作为参考之用。且根据文意，将之分为若干节：

1. 有天有人，天人有分。察天人之分，而知所行矣。

2. 有其人，无其世，虽贤弗行矣。苟有其世，何难之有哉？

3. 舜耕于历山，陶拍于河浒，立而为天子，遇尧也。咎繇（傅说）

---

① 参见钱穆：《先秦诸子系年》，695、697页，北京，商务印书馆，2001。据内山俊彦《荀子——古代思想家的肖像》，荀子约卒于公元前233年。转引自池田知久：《尚处形成阶段的〈老子〉最古文本——郭店楚简〈老子〉》，见陈鼓应主编：《道家文化研究》，第17辑，171页。

② 参见王葆玹：《试论郭店楚简各篇的撰作时代及其背景——兼论郭店及包山楚墓的时代问题》，见《中国哲学》，第20辑，366～389页；《试论郭店楚简的抄写时间与〈庄子〉的撰作时代——兼论郭店与包山楚墓的时代问题》，载《哲学研究》，第4期（1999年）：18～29页。

③ 参见刘彬徽：《关于郭店楚简年代及相关问题的讨论》，见李学勤、谢桂华主编：《简帛研究二〇〇一》，47～54页。

衣枲褐，冒穖蒙巾，释板筑而佐天子，遇武丁也。吕望为臧棘津，守监门棘地，行年七十而屠牛于朝歌，兴而为天子师，遇周文也。管夷吾拘囚束缚，释械柙而为诸侯相，遇齐桓也。百里转鬻五羊，为伯牧牛，释挽辂而为命卿，遇秦穆［也］。孙叔三舍期思小司马，出而为令尹，遇楚庄也。

4. 初沉郁，后名扬，非其德加。子胥前多功，后戮死，非其智衰也。骥约长山，骐困于驿棘，非无体状也。穷四海，致千里，遇造［父］故也。

5. 遇不遇，天也。动非为达也，故穷而不［悯；隐非］为名也，故莫之知而不吝。

6. 芷［兰生于深林，非以无人］嗅而不芳；瑾瑜瑾瑜包山石，不为［无人识而］善鄙改也。

7. 穷达以时，德行一也。誉毁在旁，听之戠侮，缁白不厘。穷达以时，幽明不再，故君子敦于反己。

第三节　深入分析

如何看待与《穷达以时》相关诸文本之间的关系，是我们正确推定《穷达以时》年代的关键所在。黄人二先生指出，《穷达以时》简文相当于《论语·卫灵公》"在陈绝粮，从者病，莫能兴。子路愠见曰：'君子亦有穷乎？'子曰：'君子固穷，小人穷斯滥矣'"之"传"。[①]虽然《穷

[①] 参见黄人二：《郭店楚简〈穷达以时〉考释》，载《古文字与古文献》，试刊号（1999年）。转引自王志平：《郭店楚简〈穷达以时〉丛考》，清华大学简帛研讨班论文。

达以时》第五节中有"动非为达也,故穷而不[悯;隐非]为名也,故莫之知而不吝",可以与之相应,但王志平先生认为"《穷达以时》中的话也不见于《论语》,如果真是孔子所言,《论语》不载这些话似乎有些不合情理",不大赞成黄人二先生之说。

但是,笔者注意到《论语·子罕》记有:

> 子曰:"岁寒,然后知松柏之后彫也。"

此语不知孔子何时所云,但是在后来的记载中,被放在了孔子厄于陈、蔡之时。《庄子·让王》作:

> 子路曰:"如此者,可谓穷矣!"孔子曰:"是何言也!君子通于道之谓通,穷于道之谓穷。今丘抱仁义之道以遭乱世之患,其何穷之为!故内省而不穷于道,临难而不失其德,<u>天寒既至,霜雪既降,吾是以知松柏之茂也</u>。陈蔡之隘,于丘其幸乎!"①

前面加上了一句"内省而不穷于道,临难而不失其德"。《吕氏春秋·慎人》作:

> 子贡曰:"如此者可谓穷矣。"孔子曰:"是何言也?君子达于道之谓达,穷于道之谓穷。今丘也,拘仁义之道,以遭乱世之患,

---

① 按:《庄子·让王》"吾是以知松柏之茂也"下,陈碧虚《南华真经阙误》引江南古藏本有"桓公得之莒,文公得之曹,越王得之会稽"。

其所也，何穷之谓？故内省而不疚于道，临难而不失其德。<u>大寒既至，霜雪既降，吾是以知松柏之茂也</u>。昔桓公得之莒，文公得之曹，越王得之会稽。陈、蔡之阨，于丘其幸乎！"

加上了"内省而不疚于道，临难而不失其德"。《风俗通义·穷通》略同。此外，《淮南子·俶真训》引有"夫大寒至，霜雪降，然后知松柏之茂也。据难履危，利害陈于前，然后知圣人之不失道也"，意思似与上相关。

加有下划线的文句，与《论语》很接近，应当是本于孔子。王志平先生所说"《穷达以时》中的话也不见于《论语》，如果真是孔子所言，《论语》不载这些话似乎有些不合情理"，值得商榷。我们至少可以断定，《庄子·让王》《吕氏春秋·慎人》《风俗通义·穷通》有本于孔子之语。而《吕氏春秋·慎人》较《庄子·让王》多出"昔桓公得之莒，文公得之曹，越王得之会稽"一句，约近于《说苑·杂言》第一则，说明《吕氏春秋·慎人》这一文本很可能形成于《庄子·让王》之后。

值得注意的是，在《吕氏春秋·慎人》篇所记的孔子困于陈、蔡的故事之前，记有舜、百里奚的故事，似乎说明，舜等遇时的故事与孔子厄于陈、蔡的故事相关，但是还没有与"孔子"论"大寒既至，霜雪既降，吾是以知松柏之茂也"，以及句践生霸心的话结合起来。在后来的篇章中，这两个文本也确实没有结合起来，但它们之间的联系值得注意。

王志平先生另外找到了两则与《穷达以时》相关的文本，一是马王堆汉墓帛书《缪和》提及"越王句践困于会稽"，一是"《穷达以时》等都谈到'[芷兰生于深林，不为无人]嗅而不芳'云云，以'芷兰'为喻"，可与《琴操·猗兰操》对应，《琴操·猗兰操》提及"'自伤不逢时'，与《穷达以时》的口吻是一致的"。

对于前者，王先生指出："《说苑·杂言》把伍子胥见杀与越王句践霸心生于会稽等分为两章是有道理的。因为二者有不同的来源。"不过王先生虽认为《缪和》篇中的"先生"是指孔子，但认为"这些是后世儒生假托的孔子之言，既不能认为此确为孔子所说，又不能认为这决非孔子之言，而应认为这些是先秦儒生所认可的孔子之言"。对于后者，王先生虽倾向于认为它与《穷达以时》相关（曾考证伍子胥之死为鲁哀公十一年，而《琴操·猗兰操》当孔子自卫返鲁之时，"即以哀公十一年而论，似亦及见伍子胥戮死"），但没有进一步论述。

王先生的发现，可以说为《穷达以时》诸文本的形成，又找到了两条重要线索。《琴操·猗兰操》与《穷达以时》第六节紧密相关；而帛书《缪和》与《说苑·杂言》第一则引《易》中语以及论句践生霸心对应，但没有提到孔子厄于陈、蔡之事。这不但说明《缪和》所记早于《说苑·杂言》第一则，更为我们体会孔子厄于陈、蔡的故事是如何敷演而出的提供了路标——一个本来是儒门易学者用来解《易》的故事，由"子曰"变成《说苑·杂言》第一则所记厄于陈、蔡时的"孔子曰"；而经过与《庄子·让王》所记故事合并，就成了《吕氏春秋·慎人》中孔子厄于陈、蔡时的反复申述。

实际上，文献所记孔子论穷达时世之事，不止于此。《说苑·敬慎》和《孔子家语·贤君》中有一则材料，记录孔子之语与《穷达以时》的文本相关。《说苑·敬慎》作：

> 孔子论《诗》，至于《正月》之六章，惕然曰："不逢时之君子，岂不殆哉！从上依世则废道，违上离俗则危身；世不与善，己独由之，则曰非妖则孽也。是以桀杀关龙逢，纣杀王子比干。故贤者不遇时，常恐不终焉。《诗》曰：'谓天盖高，不敢不局；谓地盖厚，不敢不蹐。'此之谓也。"

《孔子家语·贤君》作：

> 孔子读《诗》，于《正月》六章，惕焉如惧，曰："彼不达之君子，岂不殆哉？从上依世则道废，违上离俗则身危。时不兴善，己独由之，则曰非妖即妄也。故贤也既不遇天，恐不终其命焉。桀杀龙逢，纣杀比干，皆类是也。《诗》曰：'谓天盖高，不敢不局。谓地盖厚，不敢不蹐。'此言上下畏罪，无所自容也。"

开篇孔子读《诗》、论《诗》的形式，与《说苑·敬慎》篇"孔子读《易》，至于《损》《益》"的形式很接近，后者还见于《淮南子·人间训》《孔子家语·六本》，尤其是见于帛书《要》篇；此外，马王堆帛书《衷》记有孔子之语："君子穷不忘达，安不忘亡"以及"□文而溥，齐明而达矣"①，也论及"穷达"；而上博简《诗论》，每与传世孔子论《诗》之语可以对应②。综合这些因素来看，这两则材料所记，应该是可靠的孔子论《诗》之语，我们不当因为它们的编订比较晚而怀疑其可靠性。文中所说"从上依世则废道，违上离俗则危身；世不与善，己独由之，则曰非妖则孽也"和"上下畏罪，无所自容"的思想，虽没有《穷达以时》中"遇不遇，天也。动非为达也"以及"誉毁在旁，听之忒侮"的豁达，但存道之忧心，比《穷达以时》所强调的"君子敦于反己"要强烈。当然，二者所论的对象不同。

容易发现，《说苑·敬慎》与《孔子家语·贤君》，都只提到了桀杀关龙逢、纣杀王子比干。此二事例仅见于《荀子·宥坐》、《韩诗外传》卷七、《说苑·杂言》第二则、《孔子家语·在厄》，其他《穷达以时》的相关文本未同时提及此二人。值得注意的是，《荀子·宥坐》、《韩诗外传》卷七、《说苑·杂言》第二则、《孔子家语·在厄》都加上了伍子胥，而且《韩诗外传》卷七、《说苑·杂言》第二则、《孔子家语·在厄》还加上了伯夷、叔齐。对比前述《论语·子罕》和帛书《缪和》敷演成文的情况，《说苑·敬慎》与《孔子家语·贤君》所载之事，也应该是后世所述孔子困于陈、蔡感叹穷达故事的滥觞之一。虽然孔子论《诗》时有可能见到伍子胥之死，但伍子胥的意义要到越灭吴后才能体现出

---

① 廖名春：《帛书〈衷〉释文》，见《帛书〈易传〉初探》，275页。
② 参见拙作《〈诗论〉疏证》，见《〈诗论〉简礼学思想研究》，清华大学硕士学位论文，2002年6月。

来，而厄于陈、蔡时的孔子，绝不可能知晓伍子胥、句践等人之事。因此，有关伍子胥、句践之事，应该只是因为事迹接近，在后来的叙述中，作为"桀杀龙逢，纣杀比干"和"齐桓、晋文"故事的附益，而被添加到孔子厄于陈、蔡时的话语之中。而且，《越绝书·请籴内传》记伍子胥自己说"昔者，桀杀关龙逢，纣杀王子比干"，《越绝书·外传纪策考》则记伍子胥应对范蠡的话中有"吾前获功，后遇戮，非吾智衰，先遇阖庐，后遇夫差也"，与《穷达以时》第四节接近，略同于《韩诗外传》，其后还记有子贡的评语。当然，《越绝书》来源复杂，当前还不能据此以为这些话真是伍子胥所说，但是至少能够表明，伍子胥之被害，在后人的眼中就与"桀杀龙逢，纣杀比干"事例一致。因此，流传中的孔子厄于陈、蔡的故事，在"孔子"所述的"桀杀龙逢，纣杀比干"这一句后，下意识地加上"伍子胥"，毫不足怪。

基于以上与《穷达以时》篇相关的文本，我们可以讨论一下池田知久与王志平先生对于《穷达以时》晚出的分析。

第四节　晚出说的问题

池田知久先生在分析了与《穷达以时》相关的五篇文献——《荀子·宥坐》、《韩诗外传》卷七、《说苑·杂言》、《孔子家语·在厄》、《吕氏春秋·慎人》之后，认为它们"基本上属于同一学派，即儒家，大致在同一时代成书，且基本上具有相同的思想内容，因此很难断定《穷达以时》的作成年代与其他文献时间相距很远"。

这一说法值得商榷。首先，池田先生在讨论与《穷达以时》相关的文献时，主要只讨论了郭店楚墓竹简的整理者指出的四篇，并补充了《吕氏春秋·慎人》。可是，《说苑·杂言》篇实际上有两则材料与《穷达以时》相关，王志平先生已指出《荀子·宥坐》记越王句践生霸心事，《韩诗外传》卷七记伍子胥戮死，《说苑·杂言》二者并提，但分属两章，《孔子家语·在厄》则合二者为一章，而马王堆帛书《缪和》有类似文字记句践事，二者当有不同来源，《说苑·杂言》分之为二章是。池田先生或许是认为《说苑·杂言》第一则与《穷达以时》没有类似论点，但是如果深入研究几篇文献的共同点，对于《说苑·杂言》第一则，我们不能置之不理。池田先生也抛开了我们上面所论的与《穷达以时》相关的其他文本。但即便就思想而言，我们也不能抛开《说苑·敬慎》《孔子家语·贤君》中的材料。当然，这两则材料并不引人注意。

其次，池田先生认为这六篇文献大致在同一时代成书之说，对于我们所关注的时间分析而言，跨度太大、太模糊。池田先生没有明确提出《说苑》《孔子家语》的年代，但是"按成书年代的顺序"，将《说苑·杂言》《孔子家语·在厄》排在了《荀子·宥坐》和《韩诗外传》之后。可是，《说苑·杂言》有两则接近而并不相同的材料难以解释；《荀子·宥坐》至《孔子家语·在厄》之间的时间距离，池田先生也讳莫如深。许多学者早就指出先秦文献有辗转相因的现象，池田先生却认为它们各有撰人，思想接近。然而我们并没有看到有关撰人的消息，而且这几篇内容接近，似乎应该后作者是所谓的"抄袭"，可是据刘乐贤先生的研究来推,又有人会"抄错"。

至于池田先生所分析的《荀子·天论》之"天人之分"的概念,与《穷达以时》的基本思想之间的关系,认为"《穷达以时》的'天人之分'和《荀子》的'天人之分'基本上是相同的,且《荀子》的'天人之分'先成,在其影响下《穷达以时》的'天人之分'后成"①,恐不足为据。

首先,胡适先生早就指出,依据"思想系统"或"思想线索"的思想分析法,是"很有危险性的","是一把双面锋的剑可以两边割","不能避免主管的成见"②。而且思想的发展,并不遵循庸俗的进化论原则,思想上的逻辑先后,并不必定遵循历史时间的先后。

其次,池田先生没有提出直接有力的材料,以证明《荀子·天论》的"天人之分"思想早于《穷达以时》,而是绕了很大的一个圈子,说《荀子·天论》和《穷达以时》的"天人"概念受到了道家尤其是庄子学派比较强的影响,然后认为《穷达以时》对待属于"天"之性质的"时",更接近于后代的《荀子·宥坐》等,同于庄子学派的"望时而待之"。③可是,此处池田先生没有解释为什么《穷达以时》《荀子·宥坐》的思想同于庄子学派,既然庄子学派已经为《荀子·天论》所贬抑,而

---

① 池田知久:《郭店楚简〈穷达以时〉研究(下)》,黄秀敏译,载《古今论衡》,第5期(2000年12月):66页。
② 胡适:《评论近人考据〈老子〉年代的方法》,见姜义华主编:《胡适学术文集·中国哲学史》,750页。
③ 参见池田知久:《郭店楚简〈穷达以时〉研究(下)》,黄秀敏译,载《古今论衡》,第5期(2000年12月):91页。

"时间在后来"的、成于荀子后学的《穷达以时》《荀子·宥坐》却没有遵从荀子的思想,实在奇怪。

再次,池田先生对于《穷达以时》《荀子·天论》中"天人相分"概念的分析,未必确切,有待进一步讨论。

池田先生认为《荀子·天论》"可能是荀子游学于齐国稷下的时代,与庄子学派接触中,在该地成书之文章"①。其真正的证据,是"《荀子·性恶》篇对庄子学派实际上的反对和批评,与《天论》篇比较,无疑地是加强了"②。姑不论其是非,池田先生的分析,有几个问题需要解释。第一,据《史记·孟子荀卿列传》:

> 春申君死而荀卿废,因家兰陵。李斯尝为弟子,已而相秦。荀卿嫉浊世之政,亡国乱君相属,不遂大道而营于巫祝,信禨祥,鄙儒小拘,如庄周等又猾稽乱俗,于是推儒、墨、道德之行事兴坏,序列著数万言而卒。

荀子自著书是在晚年。第二,荀子晚年在楚,更可能是在楚地才了解了庄子学派的思想。第三,池田先生引用了《庄子》外、杂篇的内容,以证明《荀子·天论》篇继承了庄子学派的"天""人"概念,但没有证明这些"庄子学派"的作品时代在"荀子游学于齐国稷下的时代"之

---

① 池田知久:《郭店楚简〈穷达以时〉研究(下)》,黄秀敏译,载《古今论衡》,第5期(2000年12月):87页。
② 池田知久:《郭店楚简〈穷达以时〉研究(下)》,黄秀敏译,载《古今论衡》,第5期(2000年12月):88页。

前；相反，在行文中，池田先生认为《庄子》中有不少篇章如《让王》《马蹄》等在《荀子》之后。①池田先生努力断定、"提前"《天论》篇的年代，实际上的目的是安排《吕氏春秋·慎人》的编写年代②，以保证后者不与荀子的年代相冲突，而又将其纳入所谓受老庄思想影响的荀子或其流派的著作之中。但是，这一荀子学派是如何快速到达秦的，也是池田先生所回避的问题。

总之，战国时期的诸子百家思想，纷繁复杂，近年来一再出土的文献，已为我们重新认识中国古代思想，打开了一扇门。池田先生精心构筑的一条单线的思想链条，将传统的儒者荀子渲染上老庄思想的底色，恐不足以反映当时的思想动态，其观点本身也有许多值得商榷之处（恕本章不一一说明）。其根本的目的，是证明郭店楚简中《六德》《语丛一》的"六经"并称晚出，以与他一贯的观点——《周易》与孔子、先秦儒家无关——协调。③但实际上池田先生对《穷达以时》时代的分析，不足以动摇郭店一号楚墓的下葬年代。

王志平先生注重文本的来源分析，这一思路是可取的。但是他并没

---

① 参见池田知久：《郭店楚简〈穷达以时〉之研究》，黄秀敏译，载《古今论衡》，第 4 期（2000 年 6 月）：77 页注 24；《郭店楚简〈穷达以时〉研究（下）》，黄秀敏译，载《古今论衡》，第 5 期（2000 年 12 月）：81 页。

② 池田先生认为《吕氏春秋》是战国时代末期（公元前 239 年）开始编纂，最迟是在编纂者吕不韦自杀的那年（公元前 235 年）成书的；而荀子居住在楚国兰陵的期间，为公元前 255 年前后至公元前 238 年前后的大略十八年间。参见池田知久：《郭店楚简〈穷达以时〉之研究》，黄秀敏译，载《古今论衡》，第 4 期（2000 年 6 月）：76 页；《郭店楚简〈穷达以时〉研究（下）》，黄秀敏译，载《古今论衡》，第 5 期（2000 年 12 月）：98 页。

③ 参见廖名春：《论六经并称的时代兼及疑古说的方法论问题》，载《孔子研究》，第 1 期（2000 年）：47～58 页。

有注意到《说苑·敬慎》《孔子家语·贤君》中的材料；而且，王志平先生虽然也指出了《吕氏春秋·慎人》中的材料，但是并没有注意陈、蔡章前面的舜、百里奚的故事，更没有仔细分析他找出来的两则相关文本，以推敲"附益"的含义。因此，王志平先生虽然发现在时间上伍子胥之死和句践生霸心等事，与孔子厄于陈、蔡不合，故认为《穷达以时》不是孔子所说，但认定"《穷达以时》浑然一体，没有后人附加的痕迹，而且出土文献与传世文献基本一致，看不出时代差别，这也排除了后人附益的可能"，因而得出《穷达以时》只可能是后人——荀子门徒——假托伪造的结论，则恐有不妥当之处。

王志平先生所说"《穷达以时》浑然一体"，值得商榷。《穷达以时》一篇或可能存在缺简：赵平安先生认为缺简处记有比干事；池田知久先生则认为可能"存在着叙述'虞丘'遇'楚庄'、子胥遇'阖闾、夫差'的句子"；徐在国先生指出咎繇是傅说之误，魏宜辉、周言据皋陶（咎繇）误为傅说之事，指出有缺文；李学勤先生还认为第1简前有缺文。而且很明显，第13简和第14简之间，语意衔接不上，有脱简。

所谓"没有后人附加的痕迹"，恐怕只是王志平先生自己的感觉，我们并不知道这是针对哪一个文本而言。王志平先生所说"出土文献与传世文献基本一致，看不出时代差别"，与他自己所做的文本分析恐怕已经自相矛盾。而认为荀子之徒伪造之说，王志平先生也多是就思想接近而言，证据并不坚固有力。最让人迷惑的是，王志平先生已经证明孔子厄于陈、蔡之时不可能知道伍子胥之死乃至句践生霸心之事，而荀子之徒在造作故事时，却会犯下这种低级错误，反不如所谓晚出的《庄子·让王》，实在大可奇怪。这一疑难，也是池田先生需要回答的，尤其是《庄子·让王》与《吕氏春秋·慎人》更为接近，但《庄子·让王》中没有提句践等的事。

第五节 文本元素分析

综合以上的分析，笔者认为，孔子厄于陈、蔡之时，当不无感叹，但是《论语》所记，过于简略；孔子很可能多次论及"穷达"。流传到今天的关于孔子厄于陈、蔡的故事，可能有多种来源，甚至包括一些附益。但它的流传，在时空中应该不是单线传递的，而很有可能比较复杂。如果仔细梳理一下文献所记与《穷达以时》有关的诸文本，就容易看出诸文本之间不尽相同。今主要根据陈蔡时事、论穷达、"岁寒，然后知松柏之后彫也"、"句践霸心生于会稽"、舜遇尧、比干（伍子胥）等、兰、"天人相分"等几个元素，大致按成书年代的先后顺序（并不代表实际上必然存在这种先后因袭关系，而且这些文献的编定成书年代，并不代表文献最初的形成年代，下同），列表如下（见表6-1，其中《吕氏春秋·慎人》篇，仅计孔子厄于陈、蔡的那一章）：

表6-1　文本元素表

	陈蔡时事	穷达	松柏	句践等	舜等	比干（伍子胥）等	兰	天人相分
《论语·子罕》			√					

（续前表）

	陈蔡时事	穷达	松柏	句践等	舜等	比干（伍子胥）等	兰	天人相分
《论语·卫灵公》	√	√						
《左传》等								√
《穷达以时》	?	√			√	√	√	√
《庄子·让王》	√	√	√					
《荀子·天论》								√
《荀子·宥坐》	√	√		√		√	√	
《吕氏春秋·慎人》	√	√	√					
《缪和》		√	√					
《韩诗外传》	√	√			√			
《说苑·敬慎》		√				√		
《说苑·杂言》一	√	√		√				
《说苑·杂言》二	√	√			√	√	√	
《风俗通义·穷通》	√	√	√	√				
《琴操·猗兰操》		√					√	
《孔子家语·贤君》		√			√			
《孔子家语·在厄》	√	√		√		√	√	

试将上表画出文本脉络图（见图 6-1），则文本之间的组合、变化就更清楚了（为避免图形过于复杂，有下划线者，表示所记有陈蔡时事）：

图 6-1 文本脉络图

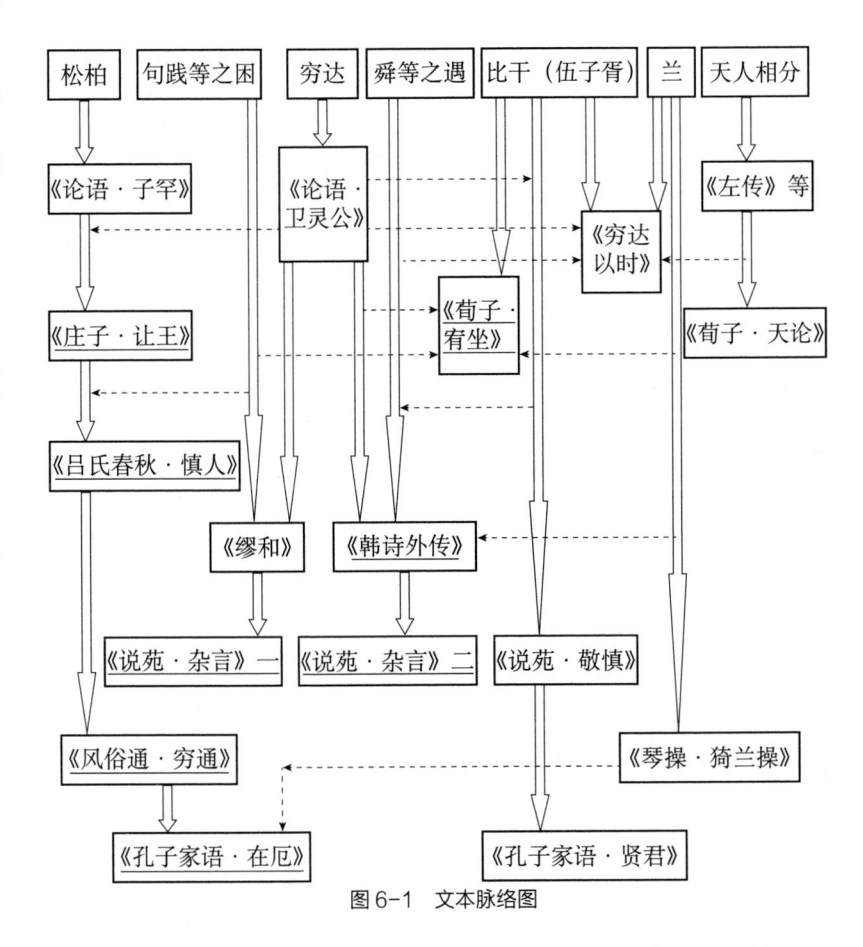

容易发现,《风俗通义·穷通》近于《吕氏春秋·慎人》,《说苑·杂言》二近于《韩诗外传》,其他则是由于文本之间的不同组合,形成了不同的篇章。时间在后的篇章,有的只包含一两个相关文本元素,这说明它们出现的时间虽然晚,但来源可能很早。因此,《穷达以时》虽然与《荀子·宥坐》、《吕氏春秋·慎人》、《韩诗外传》卷七和《说苑·杂言》第二则等文献相关，但来源不同。如果从《穷达以时》本身还包含的一些不见于传世文献的内容来考虑，《穷达以时》很难说与这几篇相关文本有完全因袭的关系，得不出《穷达以时》时间上在《荀子·宥坐》之后的结论。我们应当以流传时的拼接、附益而不是以专门的著述来看待它们。《荀子·宥坐》《吕氏春秋·慎人》等篇，显然是对所闻故事的记录，容有不合史实之处，决非荀子之徒专门的著述。

至于"天人相分"的思想，实际上与"天人合一"是相反相成的命题，其来源并不晚。《左传》昭公十八年子产所说的"天道远，人道迩"，已发其端；《中庸》记孔子说"思知人，不可以不知天"；《管子·小匡》有"功足以得天与失天，其人事一也"[①]；《尊德义》简8～简10有："察诸拙所以知己，知己所以知人，知人所以知命，知命而后知道，知道而后知行。由礼知乐，由乐知哀。有知己而不知命者，无知命而不知己者；有知礼而不知乐者，无知乐而不知礼者"。

以上所论，都与《穷达以时》中"天人相分"的命题相关。但《穷达以时》所着重强调的，并不是"天人相分"的观点，而是在知道哪些是"天"、是"世"——人力所难能改变的东西之后，应该如何对待的问题，并认为在此种情况下，人不应该消极沉沦，而应该"敦于反己"，提出了"反己"的命题。因此，"天人相分"的思想应该先于《穷达以

[①] 《管子·小匡》与《国语·齐语》有关，据胡家聪先生的研究，二者并非抄袭的关系。参见胡家聪：《管子新探》，266页，北京，中国社会科学院，2005。李学勤先生则认为《管子·小匡》晚于《国语·齐语》。参见李学勤：《〈齐语〉与〈小匡〉》，见《古文献丛论》，176～183页，上海，上海远东出版社，1996。

时》。《语丛一》简 26～简 30 有"知己而后知人,知人而后知礼,知礼而后知行。其知博,然后知命。知天所为,知人所为,然后知道,知道然后知命",实际上已说明"天人有分";《文子·微明》也有"知天之所为,知人之所行,即有以经于世矣。知天而不知人,即无以与俗交。知人而不知天,即无以与道游"(《淮南子·人间训》略同)。

由上文所引来看,"反己"的目的其实就是博通天人。这种"通",是基于"天人相分"之上的"天人合一",是顺天应人。不过儒、道对于天人的态度、追求,即使字面相同,实质却可能并不完全一样。

凡此均可说明,荀子"天人相分"的思想并非横空出世,也不必一定要在稷下继承庄子学派的思想,而是有着其他较早的来源。自然,就目前所见,《荀子·天论》这一篇阐述得最为详细。但是将"天人相分"的思想归于荀子,则属于默证,其他人完全可以早于荀子提出"天人相分"的思想。所以,将《穷达以时》"天人相分"的思想放在《荀子·天论》篇之后的做法,是大可商榷的。

因此,文本、思想的分析,都不能为我们提供《穷达以时》篇可靠、具体的时间标准。所以,我们只能根据墓葬的年代来断定《穷达以时》篇的下限年代。至于其上限,还有待探讨;而其思想、文本来源,则相当早。

第六节 对"穷达"的分析

张立文先生从汉语史的角度来考察《穷达以时》的时代,可谓独辟蹊径。但仅凭作为复合词,"穷达"始见于《后汉书》这一个词例,恐怕不能定案,这属于前文中陈鼓应先生所批评过的"急速推广的谬误"。虽然笔者也曾经怀疑"反己"一词可能出现较晚,可能始见于《吕氏春秋·诬徒》,但现在看来,我们所见的传世文献,只能作为语词出现的时间下限。张先生显然也认识到了这一点,但是将"穷达"一词的年代定到《孟子》之后,恐怕仍有不妥。

实际上,《文子·上义》篇、《庄子·德充符》篇、《墨子·非儒下》篇、《吕氏春秋·慎人》篇等均提及"穷达",《鹖冠子·兵政》篇中记载有:

> 鹖冠子曰:"天不能使人,人不能使天。因物之然,而穷达存焉……"

不仅出现了复合词"穷达",而且与"天人"之论相关联,值得注意。此外,汪继培所辑《尸子》中,多有与郭店简可对应者,尤其是与《唐虞之道》篇。① 其中《尸子·劝学》载:

> 屈侯附曰:"贤者易知也,观其富之所分,达之所进,穷之所不取。"然则穷与达,其于成贤无择也。是故爱恶亲疏,废兴穷达,皆可以成义,有其器也。

屈侯附之语,汪继培疑为《韩诗外传》卷三、《史记·魏世家》、《说

---

① 参见拙作《〈唐虞之道〉、〈忠信之道〉与〈文言〉的年代》,待刊。

苑·臣术》中李克之误，"'附'即翟黄所进者，《魏世家》作'鲋'，《说苑》作'附'"①。篇中也出现了复合词"穷达"。

《尸子》一书，长期以来被认为是伪书②，但前人辨伪，多不明学派著作的古书体例，见年代上有矛盾之处便认为《尸子》是伪书，是多事之辨。不过，《尸子》一书后来散佚，《隋书·经籍志》著录《尸子》二十卷，记"其九篇亡，魏黄初中续"。对此，魏启鹏先生认为是采缀而不是"续书补作"。③可注意的是，上引"屈侯附"语，较《韩诗外传》卷三、《史记·魏世家》、《说苑·臣术》等所载李克语，更为简洁，恐非伪作者所敢用；今存《尸子·劝学》篇中"昆吾之金"一语，已为郭璞（276—324）《山海经注》所引用。④郭璞的年代，离魏黄初年间（220—226）并不远；魏黄初中所续的《尸子》，应该只是藏于秘府，而郭璞所见的《尸子》，当是没有续补的通行之《尸子》。《史记集解·孟子荀卿列传》引刘向《别录》，以尸子为"秦相卫鞅客也。卫鞅商君谋事画计，立法理民，未尝不与佼规之也"⑤，商鞅有师事之意。所以班固《汉书·艺文志》以尸子为商鞅师，其《古今人表》列商鞅于孟子后，而钱穆先生推测商鞅（公元前390—公元前338）与孟子（公元前390—

---

① 《二十二子》，367页。
② 参见张心澂：《伪书通考》，832～834页，上海，上海书店出版社，1998。
③ 参见魏启鹏：《〈尸子〉与子思之学》，见武汉大学中国文化研究院编：《郭店楚简国际学术研讨会论文集》，636～643页。
④ 参见袁珂：《山海经校注》，509页注5，成都，巴蜀书社，1993。
⑤ 司马迁撰，裴骃集解，司马贞索隐，张守节正义：《史记》，第2349页，北京，中华书局，1982。

公元前 305）生年相先后[①]，则尸子当略长于孟子。又《别录》说尸子"自为造此二十篇书"[②]，但今存《尸子》中明显有尸子后学续作的地方，因此，《尸子·劝学》篇虽不一定全是尸子本人所作，但应该是可靠的先秦典籍。

如此多的古书中出现了"穷达"一词，那么《穷达以时》中使用"穷达"一词毫不奇怪。即便《文子·上义》《尸子·劝学》《庄子·德充符》等篇的作成年代可能晚于《孟子》，但一个词语的流行时间，应该比较长，完全有可能在《文子·上义》《尸子·劝学》《庄子·德充符》等篇的作成年代之前，"穷达"一词就已经被广泛使用。因此，仅凭"穷达"一词，便认定《穷达以时》在《孟子》之后，这种说法恐怕难以有足够充分的理由。如果我们认定《尸子·劝学》为尸子本人所作的话，那么使用了"穷达"一词的《穷达以时》的年代，可以推到《孟子》之前。

另外，《尸子·处道》有："仲尼曰：'得之身者得之民，失之身者失之民；不出于户而知天下，不下其堂而治四方，知反之于己者也。'"《吕氏春秋·先己》《说苑·政理》《孔子家语·贤君》略同，丛刊本《孔子家语》作"知反己之谓也"。"反己"一词，除见于《吕氏春秋·诬徒》外，《文子·道原》有"人生而静，天之性也；感物而动，性之害也；物至而应，智之动也；智与物接，而好憎生焉；好憎成形，而智怵于外，不能反己，而天理灭矣"，"唯圣人能遗物反己"；《文子·符言》

[①] 参见钱穆：《先秦诸子系年》，318 页。
[②] 司马迁撰，裴骃集解，司马贞索隐，张守节正义：《史记》，第 2349 页。

有"凡此四者,不求于外,不假于人,反己而得矣";《文子·下德》有"故人性欲平,嗜欲害之,唯有道者能遗物反己";《文子·上义》有"法非从天下也,非从地出也,发乎人间,反己自正";《淮南子》略同;《庄子·徐无鬼》有"反己而不穷,循古而不摩,大人之诚"。前文已经指出,《文子》一书,在当前还没有足够的证据以之为伪书;《徐无鬼》属《庄子》杂篇,由阜阳汉简来看,年代不可能很晚。[①] 上引《文子·道原》第一部分,与《礼记·乐记》接近,"反己",《礼记·乐记》作"反躬",郑玄注:"躬,犹己也。"《乐记》的年代并不如某些学者所认为的那样,晚至汉代。[②] 因此,"反己"一词很可能在孔子之后就已经出现,是"反之于己"的缩略语。

所以,从汉语史的角度来考察《穷达以时》篇,只能说它的用词年代,与考古工作者所作的推定,基本上不存在矛盾。

总之,笔者认为,当前由思想、文本、汉语史等角度,来讨论《穷达以时》篇写作年代的文章,本身有某些值得商榷之处,更与考古工作者对墓葬序列、出土文物的分析所得结论不合。经过分析,笔者认为考古工作者的时代下限推定是合理的。至于郭店楚简诸篇的年代,笔者认为李学勤先生所说的"墓中书籍都为孟子所能见",是合乎事实的。《穷达以时》篇,应该是孔子后学的作品,绝非荀子门徒之作。

---

① 参见韩自强、韩朝:《阜阳出土的〈庄子·杂篇〉汉简》,见陈鼓应主编:《道家文化研究》,第18辑,10~14页。

② 参见拙作《儒家诗乐思想初探》,载《中国哲学史》,第1期(2002年):20~26页。

第七章　论上博简《子羔》诸篇的分合

在已经发表的《上海博物馆藏战国楚竹书》(一)(二)中，有《孔子诗论》《子羔》《鲁邦大旱》三篇，简制皆是全长约55.5厘米，两端修成圆弧形，有契口三道，分三道编联，书法风格显系一人所写。在《子羔》部分的第5简简背，题有"子羔"二字，为标题。

对于这个标题，整理者曾经在《孔子诗论》的《说明》中指出："本篇与《子羔》篇及《鲁邦大旱》篇的字形、简之长度、两端形状，都是一致的，一个可以选择的整理方案是列为同一卷。我们发现在《子羔》篇第3简的背面有卷题为《子羔》。其后可顺序排列的尚存7支简。从内容来看，《子羔》篇纯属子羔问孔子'三王者之乍(作)'。残存的最后一简在孔子回答了三王者之作的问题后，子羔又提出了其他问题，但孔子作答的内容已残失，而残失数量未可估计。《鲁邦大旱》的内容是孔子评论鲁邦大旱乃当政者刑与德的问题，其后二简还有孔子对子贡关于御旱灾的答问。《孔子诗论》的第一篇接抄在另一篇的文末：'行此者其有不王虐？'此辞的语气既非对子羔、子贡，也非对鲁哀公的答问，因此，恐怕还有其他关联内容。而《孔子诗论》则纯粹是评论《诗》，三者之间的区别非常清楚。《子羔》篇中孔子对子羔的答问,不可能包括这许多内容,因此有两种可能性:同一卷内有三篇或三篇以上的内容,也可能用形制相同的简,为同一人所书,属于不同卷别。"[1] 在实际操作过程中,整理者采用了后一种可能性,将文字相同的简文分为三篇。

李零先生不同意将这几部分分开,认为它们同属一卷,"子羔"为篇题,他还指出:"我说的《子羔》篇,既包括这里称为'孔子诗论'的部分,也包括与此抄在同一卷上的其他两部分(尚未发表)。其中一部分抄在这一部分前面,现存15简(据剪贴本初稿),多已残断;另一部分抄在这一部分后面,现存6简(据剪贴本初稿),也不完整,但我们从简长、简形,还有字体和书写风格看,它们与这一部分是连写接抄,章与章之间并不留白提行。""古书……章有章号(在上博简中,情况同于郭店简,是作墨钉或宽黑杠),篇有篇号(在上博简中,情况同于郭店简,是作钩识号),可供识别。一般情况下,其分篇都是留白提行,分章则是连写接抄。现在我们讨论的这一篇,因为简文残缺,没有发现篇号,但它有五个章号保存下来('三王之作'部分两个,'孔子诗论'部分两个,'鲁邦大旱'部分一个),章与章明显是连写接抄。特别其第二个章号之前有一段话,是作'……行此者其有不王乎',这段话,注释者以为是'孔子诗论'部分开头部分残存的简文,前面还另有文字,但依我的理解,它是'三王之作'部分的结尾,而不属于'孔子

---

[1] 马承源主编:《上海博物馆藏战国楚竹书》(一),121页,上海,上海古籍出版社,2001。

论诗'部分。简文虽包含三类不同内容，但实际上是一章挨着一章抄，其实是不可分割的整体。古书的篇题，从出土发现看，多在卷首第二简或第三简，或卷尾第二简或第三简。前者是从后往前卷，把卷首露在外面，卷尾收在里面；后者是从前往后卷，把卷首收在里面，卷尾露在外面。其题篇方式也有两种：一种是拈篇首之语（情况同于现在计算机存盘自动题名的方式），一种是撮内容大义，前者更普遍。它们不一定都能概括全书内容。比如我负责注释的上博楚简《曹沫之陈》（尚未公布），它分上下两篇（各有篇号），上篇是一个内容，下篇是一个内容，篇题写在卷首第二简的背面，就是隐括下篇的内容，但位置反而在上篇第二简的背面。注释者说，上述三部分是抄在同一卷上的三篇，第一篇有篇题'子羔'，第二篇和第三篇把篇题丢了，卷题也丢了，这恐怕值得商榷。因为'卷'是古书自然成束的单位，与内容无关，古书有章题，有篇题，有书题，但没有卷题。"[①]

在《上海博物馆藏战国楚竹书》（二）中，背题有"子羔"的简为第5号简，其后尚有9支简，总共有14支简；而上文中整理者说第3简背题"子羔"，后面还有7支简，则总共10支简，说明整理者曾经对这一部分内容做过调整，可能与简的拼接、分合有关。依照近几年出土的简牍书籍情况来看，李零先生的意见，更符合简牍古书的体例。然而，问题并没有这么简单，还有不少疑问需要解决。

[①] 李零：《上海博物馆藏简校读记（之一）：〈子羔〉篇"孔子诗论"部分》，见《上博楚简三篇校读记》，13～15页，台北，万卷楼图书有限公司，2002。又见于"简帛研究"网，2002年1月4日。其中"三王之作"即"三王者之作"，以下不再说明。

第一节　分篇与分章

《上海博物馆藏战国楚竹书》（二）中，《子羔》《鲁邦大旱》两部分都有表示篇章结束的符号，为长方形墨块，墨块下面则是空白，没有文字。如《子羔》简 14 "三天子事之"下面全为空白，《鲁邦大旱》简 6 "无如庶民何"下面也是如此，说明所记的故事已经结束，与其他内容没有直接的联系。因此，这种墨块下面留白的形制，应该是《子羔》诸部分，或者说抄手本人的表示分篇的通例。李零先生已经指出"一般情况下，其分篇都是留白提行，分章则是连写接抄"，但是却认为"现在我们讨论的这一篇，因为简文残缺，没有发现篇号，但它有五个章号保存下来（'三王之作'部分两个，'孔子诗论'部分两个，'鲁邦大旱'部分一个）"，可能是认为只有"钩识号"才是分篇的标记。然而按李零先生所说的"留白提行"的标准来看，《鲁邦大旱》《子羔》（"三王之作"）只是各有一个分章号（可能李零先生将"行此者其有不王乎"下的墨块算作"三王之作"部分的分章号）。

在《孔子诗论》部分，也见有长方形墨块，简 1 "行此者其有不王乎"下有一个，简 5 "侑成功者何如？曰颂是也"[①]下有一个，简 18 "《杕杜》则情喜其至也"下有一个。简 1 和简 5 在墨块下接有文字，而简 18 下留有一小段空白。但是简 18 为残简，经李学勤先生与 19 简拼合，则墨块下正为第三道契口所在之处，这样的地方一般都会留有一段

[①] 竹简文字尽量采用通行文字写出，参见拙作：《〈诗论〉简礼学思想研究·附录：〈诗论〉简释文疏证》，清华大学硕士学位论文，2002 年 6 月。

空白。与保留有第二、三道契口的简 8、9、11、16、23、24、25、28 等比较，其留白的长度并不算长。若参考《孔子诗论》部分的文意，下面应当接有文字。因此，简 18 并不是留白提行。容易看出，至少后两个（简 5、简 18）墨块前后，都属于《孔子诗论》的文字，但是分属不同的意群。因此，至少后两个墨块是《孔子诗论》篇内的章节结束符号，其形制是墨块下面接抄文字，文意相关，但是属于不同的意群。这就是李零先生所说的"连写接抄"。

因此，我们看到了这一部分竹简有留白提行和连写接抄两种标志，这表明李零先生所说的"五个章号"，与自己所立的篇章号形制不符（可能李零先生所据为剪贴本、初稿，有模糊之处）。也许李零先生意在强调《孔子诗论》与《子羔》同在一篇之内，内部的分别是分章而不是分篇。对于这个问题，我们不妨将留白提行视为分章，将连写接抄视为分节，下文将依此而论。

关于《孔子诗论》简 1 "行此者其有不王乎"这段话，注释者以为"据辞文，是论述王道的，这语气和《子羔》《鲁邦大旱》篇的内容不相谐合，当然也非《诗序》，由此揣测当另有内容"[①]。李零先生则认为它是"三王之作"部分的结尾，而不属于《孔子诗论》部分。

由上面所讨论到的竹简形制来看，如果"行此者其有不王乎"一段话确实是论"三王者之作"的内容，显然它与《孔子诗论》的内容没有

---

① 马承源主编:《上海博物馆藏战国楚竹书》（一），123 页。

直接的联系，参照《鲁邦大旱》《子羔》的形式来看，它应当与《孔子诗论》部分用留白提行的方式隔开，也就是说"行此者其有不王乎"在墨块下面应该为空白。但是，实际上此处是连写接抄的。而且，论"三王者之作"那一部分，在简 14 "三天子事之"下面全为空白，说明这一章已经结束。论"三王者之作"这一部分的内容，有两个重点，一部分论三王，一部分讲舜，因为缺简，不能排除它们本为两章或两节的可能，分节的可能性较大。按照李零先生的意思，则似乎是分节，讲舜的一部分单列，"三王者之作"下接"行此者其有不王乎"。但即使这二者的关系是分节，其内容既与《孔子诗论》无关，那么它们和《孔子诗论》应该是分章的关系，则"行此者其有不王乎"应该下端留空。实际情况是"行此者其有不王乎"下面接抄有文字，因此，它应该也是与《孔子诗论》有关的内容，很可能就是《孔子诗论》中的内容，关于这一点，详见后文的分析。

第二节 《子羔》部分

《子羔》这一部分，陈剑、刘信芳、白于蓝等先生对几个疑难字做了考释，陈剑先生还找出了两个拼联组。在时贤的研究基础上，笔者编联如下：

子羔问于孔子曰：三王者之作也，皆人子也，而其父贱而不足称也欤？抑亦诚天子也欤？孔子曰：善，尔问之也。久矣，其莫……9［禹之母，有莘氏之女］也，观于伊而得之，娠三11上年而划于背而生，生而能言，是禹也。契之母，有娀氏之女10也。游于瑶台之上，有燕衔卵而措诸其前，取而吞之。娠11下三年而划于膺［生］，生乃呼曰：香港简"□①金！"是契也。后稷之母，有邰氏之女也，游于玄丘之汭，冬见芙，攼而荐之，乃见人武，履以祈祷曰：帝之武，尚使12……是后稷〈之母〉也。三王者之作也如是。子羔曰：然则三王者孰为……［舜何人也？］13

［孔子］曰：有虞氏之乐正宎㝅（瞽瞍？）之子也。子羔曰：何故以得为帝？孔子曰：昔者而弗世也，善与善相授也，故能治天下，平万邦，辨无有、小大、肥硗，使皆1得其社稷百姓而奉守之。尧见舜之德贤，故让之。子羔曰：尧之得舜也，舜之德则诚善6欤？抑尧之德则甚明欤？孔子曰：均也，舜稽于童土之田，则2［……子羔曰：尧何以让］之童土之黎民也。孔子曰：□3……吾闻夫舜其幼也，敏以孝慈，其言……4或以文而远。尧之取舜也，从诸草茅之中，与之言礼，说博［而不逆］……5（背文：子羔）……□而和，故夫舜之德其诚贤矣，招诸畎亩之中，而使君天下而称。子羔曰：如舜在今之世则何若？孔子曰：8亦纪先王之由道，不逢明

---

① 将香港简与同等位置者比较，要少两字，而其顶部为圆弧形，因疑折断处有残缺。《子羔》诸篇，全简长约55.5厘米，简12残长44.2厘米，香港简长接近10.2厘米（此长度蒙陈斯鹏先生据《香港中文大学藏简》原书图版测得，并指出上博简2所附图版长10.1厘米，谨致谢忱！），合计约54.2厘米，因断定折断处尚有残字（残缺为一字，为陈斯鹏先生的意见）。

王，则亦不大仕。孔子曰：舜其可谓受命之民矣。舜，人子也，7而三天子事之。14

这一部分可能残损相当严重，现在保留的两个意群，一是讨论"三王"，一是讨论尧舜，主要是讲舜。因为缺简，简序可能还有待进一步调整。但两个意群之间有语词联系，比如简9"子羔问于孔子曰：三王者之作也，皆人子也"，简7"孔子曰：舜其可谓受命之民矣。舜，人子也"，都提到了"人子"；简7说到"三王"，即禹、契、后稷，简14的"三天子事之"，则很明显也是指这三人佐舜。因此，这两个意群有可能应该分为两节；但是因为中间缺简，而这两部分有相关的语词，我们也不能排除子羔由三王进而问到尧舜、全文在一章之内的可能。不管是哪一种可能，从文本的内容和章节分割的形制来看，应该都不会有语句下接"行此者其有不王乎"。如果将这一部分简文分为两部分，以"三王者之作"这一部分下接"行此者其有不王乎"，那么同样，子羔与孔子的问答和论诗的内容之间，分割的形制也应该是分章而不是分节。如果一定要认为子羔由问三王进而问诗，要将这两部分合在一起，那么即便不说我们在《孔子诗论》部分并没有发现子羔与孔子一问一答的形式，也不说讨论"三王"的部分与讨论尧舜的部分之间有语词联系，仍然有两个问题需要解释：一是《孔子诗论》部分所谓留白简的问题；二是《孔子诗论》部分的简文中，有许多小短横，计66处，位置基本合于句读，但是《子羔》篇中没有，《鲁邦大旱》中只有4处。这一点，留待后文讨论。

  整理者所称的《子羔》篇内部是否该分章节，因为有缺简，尚不好下论断，但是它们和《鲁邦大旱》《孔子诗论》的关系则值得探讨。李零先生虽已举《曹沫之陈》为例，说明不同内容者可以合抄在一卷，可是，据李零先生介绍，《曹沫之陈》虽分为两篇①，但记载的都是有关曹沫的内容，而《子羔》《鲁邦大旱》《孔子诗论》诸部分，虽为一人所抄写，但是分别记有子羔与孔子的问答，孔子与鲁哀公、子贡的问答，以及论诗的内容。可惜这一批竹简不是科学发掘所得，不然我们可以根据竹简散断后的位置来考究它们之间的关系。当前，《鲁邦大旱》《孔子诗论》与《子羔》不是一卷的可能性并非不存在。但是从《鲁邦大旱》《子羔》篇章短小这一特点来看，这几个部分在一卷的可能性更大。

第三节 《孔子诗论》部分

  《孔子诗论》部分已有多种编联，最关键的问题就是对于所谓留白简的态度，根本性的难题就是简 2 至简 7 上下两端空白的部分是否原来有字。笔者有幸曾与其他几位先生一道，蒙上海博物馆厚意，目验这一批简，可惜与会的先生们似乎谁也没有改变自己原来的看法。许多学者希望上海博物馆的同仁们，利用现代科学仪器检测一下这一部分竹简。

---

① 按：后来发表的《曹沫之陈》，并没有出现可视为分章节的符号，只是在内容上可以分为两部分。

笔者所见也只是证实了自己原来的看法：从简制和文意上看，没有字。①竹简留白部分在接近契口的地方，有横截断开的竹纤维，经药水浸泡后向上卷起。推测它们没有卷起来时，应该是参差不齐的，当为用刀削断两头的竹纤维所致，而且应该是在写字前就已经修治好。如果在写字后再削，实在想不出特意这样做的原因。②或以为出土后因为某种原因脱落，但是此处所脱落的是整截的上下两头的竹纤维。而且相较而言，出土后的竹简更易自契口处折断，而不是脱去一层竹纤维。因此，笔者依旧同意廖名春等先生的看法，认为《孔子诗论》应该据简制分为两个部分。

过去学者们对于《孔子诗论》第1简没有很确定的看法，主要是不知道它是否确实与"三王者之作"有关。而由上面的分析可以看出，它们之间没有关系。整理者曾认为它上接另一篇的文末，该文结尾就是"行此者其有不王乎"。但是据前文所分析的章节分割体例来看，所谓的"另一篇"，应该也是与《诗》有关的内容。实际上也很可能就是《孔子诗论》内的部分。颇疑此简在简6、简7之间，其上下文是：

曰：诗其犹防门欤？渐民而裕之，其用心也，将何如？曰：《邦风》是已。民之有戚患也，上下之不和者，其用心也，将何

---

① 参见拙作：《〈孔子诗论〉简序调整刍议》，见朱渊清、廖名春编：《上海博物馆藏战国楚竹书研究》。

② 彭浩先生认为是分栏抄写所致，阅读次序是上栏→中栏→下栏。参见彭浩：《〈诗论〉留白简与古书的抄写格式》，见廖名春编：《新出楚简与儒学思想国际学术研讨会论文集》。因此，即便竹简上下有字，也应该分栏而读，不是上下贯读。

如？4〔曰：《小雅》是已……者，其用心也，将何如？曰：《大雅》〕是已。侑成功者何如？曰：《颂》是已。

《清庙》，王德也，至矣。敬宗庙之礼，以为其本；"秉文之德"，以为其业。"肃雍5〔显相"……《清庙》曰："济济〕多士，秉文之德"，吾敬之。《烈文》曰："无竞惟人"，"不显惟德"，"呜呼，前王不忘"，吾悦之。"昊天有成命，二后受之"，贵且显矣。《颂》6〔之盛德也……〕行此者，其有不王乎？

孔子曰：诗无㥁志，乐无㥁情，文无㥁意1……〔"帝谓文王，予〕怀尔明德"，盖诚谓之也。"有命自天，命此文王"，诚命之也，信矣！孔子曰：此命也夫！文王虽欲已，得乎？此命也7，志也。文王受命矣。《颂》，旁德也，多言后，其乐安而迟，其歌申而易，其思深而远，至矣。《大雅》，盛德也，多言2〔……《小雅》，囗德〕也，多言难而怨诽者也，衰矣，小矣。《邦风》其纳物也博，观人俗焉，大敛才焉。其言文，其声善。孔子曰：惟能夫……3

容易看出，在这种安排下，"行此者其有不王乎"下有分节号，上下文意略相关，而"侑成功者何如？曰：《颂》是已"下也有分节号，同样是上下文意略相关，都是论《诗》之文。《青庙》《烈文》《昊天有成命》三篇，皆是论如何成就王德的内容，与"行此者其有不王乎"之论相符，而与论文王之王并非紧密相关，因此此处分节并不突兀。下文"〔'帝谓文王，予〕怀尔明德'，盖诚谓之也。'有命自天，命此文王'，诚命之也，信矣！孔子曰：此命也夫！文王虽欲已，得乎？此命也，志也。文王受命矣"，专门由《诗》的内容来讨论文王受命，而"诗无忞志"与"此命也，志也"相应，"乐无忞情，文无忞意"与"《颂》，旁德也，多言后，其乐安而迟，其歌申而易……《邦风》其纳物也博，观人俗焉，大敛才焉。其言文，其声善"相应，这可以看作将简1放于此处的理由。

这一部分论《诗》，多从宏观角度谈论《诗》中的德义，与另一部分一首一首讨论《诗》或几首合论的形式不同，应该是分为两章或两节。这两部分虽然形制不一，但都有很多句读符号，这些符号应该是同一人所为。这两部分简长和契口、字体风格一致，应该是编在一起的。这样安排并不奇怪，在荆门郭店楚简《语丛三》中，简64至简72是分作两栏抄写，与其他简制不一，但是简长和编绳位置则与其他简相同，也应该是在同一卷之内。《孔子诗论》这两部分很有可能是留白简在前，下接满写简，然后接《鲁邦大旱》，再接《子羔》。《子羔》篇中原来的第5简，笔者现在将它排列为倒数第三简，作为标题，正合乎古代简牍制度。至于《孔子诗论》章有很多句读标记，而其他章较少，则很可能是因为这一部分内容为经典之作，反复颂读者众多，传抄时已经如此。

第四节　后续讨论

李学勤先生后来指出："出自一手的简，不一定编连为一卷。在帛书中即有这种例子，马王堆帛书的《周易》经传、《老子》乙本、《五星占》等,均由一人抄写,但不是同卷。《孔子诗论》等三篇是不是连为一卷,也有待研究。经过整理排比,容易看出《孔子诗论》简中大多数简是在简上为编绳刻出的契口处折断的,《子羔》简的折断多在上端契口下面两三字处,《鲁邦大旱》简都在中腰契口之下四字处折断,这说明它们不曾编连在一起,所承受的压力并不一致。这三篇简,只有《子羔》在其一支简背面写着篇题。重加排比之后,这支简是该篇倒数第3支,当把简卷起时,正好露在外面。如果三篇简编成一卷,《孔子诗论》《鲁邦大旱》在《子羔》后面,这支篇题简就露不出来;如果《孔子诗论》《鲁邦大旱》在《子羔》前面,又不能以'子羔'作为题目了。之所以以《子羔》为题,是由于《子羔》篇首句是'子羔问于孔子',而不是因为子羔是三篇简的作者。《孔子诗论》的作者固然待考,《鲁邦大旱》记孔子与子贡问答,显然不会出于子羔之手。"[1]

　　李先生提出的问题确实值得认真思考。竹简容易在契口处折断,这是因为契口处比较脆弱,于此处折断,相较而言,似乎应该算作常见情况;而于非契口处折断,则属于特殊情形。但是,出土的竹简,已经千年浸泡,失去了竹纤维的弹性,据说如面条一般。所以也常见折断处有规则而又不完全统一的现象,这当是因为竹简已经散乱,故而折断处不一。比如郭店楚简《太一生水》篇,简8、9于下端契口处断开,而简1、6、12则于下端契口下第四字上断开。至于和《太一生水》简制、字

---

[1] 李学勤:《黄怀信〈诗论解义〉序》,见《清路集·李学勤学术序跋评论集》,398页,北京,团结出版社,2004。

体相同的丙组《老子》，折断情况则要复杂得多，既有在下端契口处断开的情况（简6），也有于下端契口下第四字上断开的（简4、7、11），还有于下端契口下其他处断开的。我们是该将《太一生水》和丙组《老子》视同一卷还是将其视为分开的？笔者倾向于根据其折断处的相近性而归之于同卷，将异常的折断处归因于竹简散乱而受力不均。可以设想，没有折断现象和断开之处相同的，是竹简因编绳朽烂而散开后靠在一起所致；而折断处异常的，可能是位于外缘的竹简。

至于《子羔》诸篇，检查所做拼连及竹简情况，"《鲁邦大旱》简的折断都在中腰契口之下四字处"最为明显。[①]《孔子诗论》简的确在上端契口处多有折断，根据14＋12，13＋15，19＋18，28＋29的拼连，可以发现《孔子诗论》也有在中腰契口折断的情况；简4、5、10、21、22等，则在下契口处折断。《孔子诗论》简1、7约是在上端契口下面两三字处折断，而且简1又于中央编绳下第五字上折断。[②] 而《子羔》简的折断多在上端契口下面两三字处，但是根据《子羔》简6＋2，7＋14，10＋11这三组的拼连，也有在中腰契口之下第四字处折断的情况。以之与"《鲁邦大旱》简的折断都在中腰契口之下第四字处"的现象相比，《孔子诗论》简1、7和《子羔》都有在上端契口下面两三字处折断的现

---

① 比较《鲁邦大旱》简全简图版，折断的简1、2、5虽然是于中端契口下第四字后折断，但是折断位置正对应完整简3、4的第五字。

② 上博简第一册第3页《孔子诗论》简全简图版（一）中，简1的位置应该稍微下移（中间编绳应该和其他简对齐。此图版最左边两支简的位置应该交换）。简1下端的折断处，和《鲁邦大旱》的折断处相应。由《孔子诗论》简全简图版（二）来看，23简似乎是从中腰下第四字下断开，但是此简尾部长于其他简，因而这个摆放是不合适的。

象;《孔子诗论》简1、《子羔》与《鲁邦大旱》都有在中腰契口之下第四字处折断的情况。我们知道,《孔子诗论》简1至7属于留白简,现在简1、7有在上端契口下面两三字处折断和简1在下端契口第五字处折断的情况,这表明了留白简和《子羔》《鲁邦大旱》的相关性。不过,留白简中,简4、5于下端契口处折断,简6于上、中两处契口折断,非留白简则多数于契口处断开,这又有一定的相似性。因此,可以设想,留白简1、7和《子羔》《鲁邦大旱》的断简是在一起的;较完整的《子羔》简1,《孔子诗论》简2、3、8、9、24,《鲁邦大旱》简3、4靠得比较近;《孔子诗论》简中于不同契口断开的简分别靠得比较近。这个设想还可以进一步精确些,可惜上博简乃购自香港文物市场,《子羔》诸篇竹简在两千年埋藏及遭盗辗转的过程中,不知经过何种破坏,乃至有个别断简零落被香港中文大学购得。从目前表现的折断情况来看,《孔子诗论》非留白简和《子羔》《鲁邦大旱》的联系,而是以《孔子诗论》留白简为中介的;而且有些简受到两处力断为三截,有的只受到一处力断为两截,有的则保存较好。若非这些简受压时已经散乱且排列不均,《孔子诗论》简多数从契口处折断而个别在上端契口下面两三字处、中腰契口下第五字处折断,那就至少应该将留白简和非留白简分开,留白简和《子羔》《鲁邦大旱》当视为一卷。

若《子羔》《鲁邦大旱》《孔子诗论》的留白简(也有可能还要加上非留白简)合卷,似当以《子羔》篇垫后,而第5简背的"子羔"为总题。诸篇可能只是偶然连接抄写在一起,正如同《太一生水》和丙组

《老子》一样，并不必然表示有特别紧密的关系。而新出上博简6中，《庄王既成》与《申公臣灵王》两个故事抄在一起，以"庄王既成"为篇题，正可为"子羔"做说明（不过，两故事在第4简连写接抄，以墨钉作为分隔符号）。至于标题"子羔"，可能是"子羔问"的简省，拈首字为题。但是此章或不必在第一章。《孔子家语》中有《子贡问》篇，"子贡问于孔子"的部分在中间，其前都是"子夏问"的章节。此篇宋本和覆宋本都称"子贡问"，大概后人也对此产生过怀疑，明刊本因改篇名为"子夏问"。张家山汉简《脉书》，书名题于首简背，而实际上相应内容在后半部分。当然，目前仍不能排除李零先生所提出的可能性：《子羔》单独成篇，它和《孔子诗论》《鲁邦大旱》等几篇入葬时靠得比较近。

曾有学者根据李零先生的意见，认为《子羔》和《孔子诗论》连接在一起，由此认为《孔子诗论》的学派属性，应该和子羔学派有关。现在既知《孔子诗论》与《子羔》《鲁邦大旱》分别为三个独自起讫的篇章，则不论三者是否同卷，《孔子诗论》的学派很可能都与子羔无关。同理，《孔子诗论》与记载了子贡的《鲁邦大旱》也没有什么关系，《孔子诗论》的学派也不可能与子贡有关。

第八章　论上博简《鬼神之明》篇的学派性质
——兼说对文献学派属性判定的误区

近几十年来，中国境内出土了大批简帛古书。面对这些古书，许多学者会根据古书的内容来判定其思想主旨，而后将之归入阴阳、名、法、儒、墨、道等司马谈所论的"六家"之一，或者归入刘向、刘歆父子所定的"九流十家"之中，乃至新造的"道法家""稷下学派"等之类。其主要方法有二：一是根据出土文献中某些文句与学派性质已经明了的传世文献的相关度，判定出土文献的学派属性；一是根据出土文献的思想主旨与学派性质已经明了的传世文献的相近程度，判定出土文献的学派属性。涉及儒家的时候，还会根据《荀子》《韩非子》等所论，细分出"儒家八派"，甚至可以细分到"七十子"。当然，可以想见，学者之间会有不同的意见，莫衷一是，或者有主流意见和个别意见之别。

《上海博物馆藏战国楚竹书》（五）中，有整理者曹锦炎先生命名为《鬼神之明》之篇。曹先生将此篇认定为《墨子》佚文，并有专文论述。① 因为出土文献中墨学的东西不多，遂引起了不少学者的关注。在2006年6月份在武汉大学召开的新出楚简国际学术研讨会上，日本学者浅野裕一先生便撰文赞同此说②；虽有学者反对此说，却仅说到"墨子'鬼神之明必知之'与竹简'鬼神有所明，有所不明'的观点是相互排斥的"③。

笔者曾经指出过传世文献中有与《鬼神之明》相关之佚文，据此反对将此篇的学派性质定为墨家。④ 此外，因为笔者曾经追溯过"六家""九流十家"与"诸子百家"的源流，反对简单地对出土文献的学派性质进行认定；而在武汉大学的会议上，有一些西方学者认为把文献归入"九流十家"，是"对后代不负责任"。我们的出发点并不相同（西方学者倾向于认为"六家""九流十家"是汉代的建构；笔者则认为类似"六家"的概念已经在战国时代出现，但是可能晚于"百家"之说，参《"六家"、"九流十家"与"百家"》），但是持相近的观点，这种观点引起了不少学者的反思和讨论。对这一问题素有关注的台湾学者郭梨华先生，专门在大会闭幕发言上，通过其教学实践，谈到了运用"九流十家"的不得已。

---

① 参见曹锦炎：《上海博物馆藏楚竹书〈墨子〉佚文》，载《文物》，总第7期（2006年）。
② 参见浅野裕一：《上博楚简〈鬼神之明〉与〈墨子〉明鬼论》，见《新出楚简国际学术研讨会论文集》，武汉大学，2006年6月；丁四新主编：《楚地简帛思想研究（三）》，武汉，湖北教育出版社，2007。
③ 丁四新：《上博楚简〈鬼神〉篇注释与研究》，见《新出楚简国际学术研讨会论文集》，武汉大学，2006年6月；《上博楚简〈鬼神〉篇注释》，见丁四新主编：《楚地简帛思想研究（三）》。
④ 参见拙作：《读上博五札记》，孔子2000网"清华简帛研究"专栏，2006年2月19日。

看来，对于文献的学派性质认定，已经成为学术研究的"瓶颈"。下面以《鬼神之明》为例，谈一谈在对文献进行学派属性判定时所存在的误区。

第一节 《鬼神之明》的文本

首先，根据学界的研究成果，整理出《鬼神之明》残篇的释文：

> 今夫鬼神有所明〈，有所不明①〉，则以其赏善罚暴也。昔者尧舜禹汤，仁义圣智，天下法之，此以贵为天子，1 富有天下，长年有誉，后世述之，则鬼神之赏，此明矣。及桀纣幽厉，焚圣人，杀谏者，贼百姓，乱邦家，[此以桀折于鬲山，而纣首于岐社②，] 2 背身不没，为天下笑。则鬼 2 [神之罚，此] 明矣。及伍子胥者，天下之圣人也，鸱夷而死。荣夷公者，天下之乱人也，长年而没。如以此诘之，则善者或不赏，而暴 3 [者或不罚。] 古（故）吾因解鬼神不明，则必有故。其力能至焉而弗为乎？吾弗知也。抑其力固不能至焉乎？吾又弗知也。此两者歧吾，故 4 [曰：鬼神有] 所明，

---

① 简文"有所不明"之下，刮去几字。据文意看，疑"有所不明"也当删去，待考。
② "纣首于岐社"，整理者云此事"不见古书记载"，似稍失检《逸周书·世俘》篇。此篇载武王克商后之事，不少学者以之为实录。篇中云："武王乃夹于南门用俘，皆施佩衣〈衣〉先馘入。武王在祀，大师负商王纣县首白旂、妻二首赤旂，乃以先馘入，燎于周庙"，正是悬纣首以献祭。

有所不明。此之谓乎！①

"遄䴲公"虽然尚待释读（有荣夷公、宋穆公、秦穆公②等意见，秦穆公很可能是对的），但是一定是当时知名的一个"天下之乱人"。很明显，简文的意思，是先举例说明赏善罚恶，证明鬼神之明；再举"善者或不赏，而暴者或不罚"之例，说明鬼神不明。但是鬼神不明的原因，论者虽然有两个考虑，却都不能确定，故而最后认定：鬼神有所明，有所不明。

第二节 《鬼神之明》与《墨子》

我们知道，《墨子》"非命"而"明鬼"，《鬼神之明》简文中有些思想确实和《墨子》相近。曹锦炎先生在文后的附录中，引用了《墨子·公孟》篇两章和《明鬼下》《天志下》的部分文字，其用意应该是要证明《鬼神之明》和《墨子》的相关性，由此证明《鬼神之明》是《墨子·明鬼》的佚文。下面先看曹先生所引这些文字。

---

① 以上释文参考了曹锦炎：《〈鬼神之明〉释文注释》，见马承源主编：《上海博物馆藏战国楚竹书》（五），上海，上海古籍出版社，2005；陈伟：《上博五〈鬼神之明〉初读》，简帛网，2006年2月18日；廖名春：《读〈上博五·鬼神之明〉》，孔子2000网"清华简帛研究"专栏，2006年2月19日。

② 原注者释为"荣夷公"，杨泽生先生释为"宋穆公"，后来和李家浩先生合写文章改释为"秦穆公"，参见李家浩、杨泽生：《谈上博竹书〈鬼神之明〉中的"遄䴲公"》，见《简帛》，第4辑，上海，上海古籍出版社，2009。

《公孟》：

有游于子墨子之门者，谓子墨子曰："先生以鬼神为明知，能为祸人哉福，为善者富之，为暴者祸之。今吾事先生久矣，而福不至，意者先生之言有不善乎？鬼神不明乎？我何故不得福也？"子墨子曰："虽子不得福，吾言何遽不善？而鬼神何遽不明……"

子墨子有疾，跌鼻进而问曰："先生以鬼神为明，能为祸福，为善者赏之，为不善者罚之。今先生圣人也，何故有疾？意者先生之言有不善乎？鬼神不明知乎？"子墨子曰……

《明鬼下》：

子墨子言曰："……此其故何以然也？则皆以疑惑鬼神之有与无之别，不明乎鬼神之能赏贤而罚暴也。今若使天下之人，偕若信鬼神之能赏贤而罚暴也，则夫天下岂乱哉！"

《天志下》：

何以知天之爱百姓也？吾以贤者之必赏善罚暴也。何以知贤者之必赏善罚暴也？吾以昔者三代之圣王知之。故昔也三代之圣王，尧舜禹汤文武之兼爱之天下也，从而利之，移其百姓之意焉，率以敬上帝山川鬼神。天以为从其所爱而爱之，从其所利而利之，于是加其赏焉，使之处上位，立为天子，以法也，名之曰"圣人"。以此知其赏善之证。是故昔也三代之暴王桀纣幽厉之兼恶天下也，从而贼之,移其百姓之意焉,率以诟侮上帝山川鬼神。天以为不从其所爱而恶之,不从其所利而贼之,于是加其罚焉,使之父子离散,国家灭亡,抎失社稷,忧以及其身。是以天下之庶民属而毁之,业万世子孙继嗣,毁之贲(者)不之废也,名之曰失(暴)王,以此知其罚暴之证。今天下之士君子欲为义者,则不可不顺天之意矣。

但是仔细将所引文和《鬼神之明》比较,虽与鬼神之赏善罚暴有相近之处,却绝没有论及"善者或不赏,而暴者或不罚"者。即便阅读《墨子·公孟》原文全章,乃至与之相关的《墨子·鲁问》中"子墨子士曹公子于宋"和"鲁祝以一豚祭"章,讨论的都只不过是"善者或不赏"的问题,并未涉及"暴者或不罚"。因此很难说《墨子·明鬼》乃至《墨子》和《鬼神之明》紧密相关。

第三节 《鬼神之明》与儒学

值得注意的倒是,《墨子·明鬼下》举上帝赐秦穆公十九年之事为证,说明鬼神之明。墨家弟子缠子因宣讲这个观点,被儒家之徒董无心驳斥。今存《论衡·福虚》记载了此事[①]:

---

① 在武汉大学的会议上,笔者曾就《论衡》之文与浅野裕一先生讨论。但是浅野先生认为《论衡》是东汉的书,不能用来证明战国时候的简书。可是这种西方历史学上"晚不能证早"的观念,并不符合中国古书的特点。且不说《论衡》记载此事当是引自他书,并非自创;《汉书·艺文志》记载儒家有《董子》一篇,下注云"名无心,难墨子"(缠子为墨子后学)此篇明代陈第《世善堂书目》尚记载有传本,至马国翰《玉函山房辑佚书》时已经不见。这些完全可以说明《董子》之时代并不晚,其流传并非假造。

> 儒家之徒董无心，墨家之役缠子，相见讲道。缠子称墨家佑鬼神，是引"秦穆公有明德，上帝赐之九十〔十九〕年"，（缠）〔董〕子难以尧、舜不赐年，桀、纣不夭死。①

此处所记并非《董子》原文，王充不过是撮述大意。②董无心"尧、舜不赐年，桀、纣不夭死"之说，正合"善者或不赏，而暴者或不罚"之理。如果墨子学派已经认识到"善者或不赏，而暴者或不罚"对于他们的"明鬼"学说的破坏性，恐怕会努力应对这一点，就算仍然要写秦穆公之事，也当在某些地方有补充说明。从现存《明鬼下》篇来看，并没有任何补充意见，仅是在《墨子·公孟》以及《墨子·鲁问》中讨论了"善者或不赏"的问题。

我们知道，《墨子·尚贤》诸篇皆有上、中、下三篇文意相近的文章，属于墨家的主要观点。《明鬼下》篇没有讨论"鬼神有所明，有所不明"的内容，所以要认定《鬼神之明》属于已佚的《明鬼上》或《明鬼中》中的内容，或是《墨子》佚文，恐怕难以令人信服。此外，《鬼神之明》篇发言者在推想鬼神力能至而不为、力不能至两种可能，极力推举鬼神信赏必罚的墨家学说，恐怕难以说出鬼神力不能至。

反过来说，因为董无心有"尧、舜不赐年，桀、纣不夭死"之语，我们能否断定《鬼神之明》是儒家之说呢？或许有学者会举与孔子有关的事例，来说明儒家也碰到过类似的问题。《荀子·宥坐》载：

---

① 黄晖：《论衡校释（附刘盼遂集解）》，268～269页，北京，中华书局，1990。
② 参见阮廷焯：《先秦诸子考佚》，60页，台北，鼎文书局股份有限公司，1980。

孔子南适楚，厄于陈、蔡之间，七日不火食，藜羹不糁，弟子皆有饥色。子路进问之曰："由闻之：为善者天报之以福，为不善者天报之以祸。今夫子累德、积义、怀美，行之日久矣，奚居之隐也？"孔子曰："由不识，吾语女。女以知者为必用邪？王子比干不见剖心乎！女以忠者为必用邪？关龙逢不见刑乎！女以谏者为必用邪？吴子胥不磔姑苏东门外乎！夫遇不遇者，时也；贤不肖者，材也；君子博学深谋不遇时者多矣。由是观之，不遇世者众矣，何独丘也哉！且夫芷兰生于深林，非以无人而不芳。君子之学，非为通也，为穷而不困，忧而意不衰也，知祸福终始而心不惑也。夫贤不肖者，材也；为不为者，人也；遇不遇者，时也；死生者，命也。今有其人不遇其时，虽贤，其能行乎？苟遇其时，何难之有？故君子博学、深谋、修身、端行以俟其时。"孔子曰："由！居！吾语女。昔晋公子重耳霸心生于曹，越王句践霸心生于会稽，齐桓公小白霸心生于莒。故居不隐者思不远，身不佚者志不广。女庸安知吾不得之桑落之下！"

相近文字又见于《吕氏春秋·慎人》、《孔子家语·在厄》、《韩诗外传》卷七、《说苑·杂言》（有前后两则）、《风俗通义·穷通》等篇。上举某些篇章的编定时代较晚，过去常被当作晚出文献，未作为早期儒学的材料。现在根据郭店楚简《穷达以时》与之有相近关系来看，有些篇章的来源较早。因此文献的形成、流传年代，和书籍编定的年代应该有区别地对待；至若有学者根据这些篇章怀疑《穷达以时》晚出，实不足信（参见本书第六章"郭店楚简《穷达以时》再考"）。

由《荀子》等的记载可以看出，孔子所碰到的子路的诘难，正是"善者或不赏"。这说明天之赏善罚恶，是当时普遍流行的思想，但是已经渐渐遭人质疑。只是多数人只关注"善者或不赏"的问题，似乎还未涉及"暴者或不罚"。不过，在《曹沫之陈》篇中，曹沫就说："臣闻之曰：君子以贤称而失之，天命；以无道称而没身就死，亦天命。不然，君子以贤称，曷有弗得？以无道称，曷有弗失？"由曹沫所闻之语来看，其实"暴者或不罚"也早就为人所认识了。但是如前文所指出的，《曹沫之陈》中的这一处曹沫所闻之语，恐怕是后人加进去的，或整篇都是后人所作，时代恐不能早到春秋时期，还有待具体分析。

然则作为孔子后学的董无心，有没有可能提出"鬼神有所明，有所不明"呢？就这里董无心的"尧、舜不赐年，桀、纣不夭死"之语来看，它只是为了反驳缠子才说的，属于机智的归谬和反驳，而不是单独的立论——没有缠子之语，也就不会有董无心之语。明代陈第《世善堂书目》尚记载有《董子》一卷，可惜至马国翰编《玉函山房辑佚书》时已经不见。马国翰所辑《董子》佚文，在前引文后还有一些文字，其实不确，那是王充所补充的议论。

那么，墨家后学会不会由于董无心等之驳难而有所讨论，故将类似问题抽象为"善者或不赏，而暴者或不罚"，并得出"鬼神有所明，有所不明"的结论呢？如果确实如此，《鬼神之明》篇当然也算墨家学说。

但是根据学者们的研究来看,墨家后学虽然对于"明鬼"之说有所修正,如《明鬼下》篇末段有无鬼的假定,"把鬼神平等化"^①,但是并未明确说"鬼神有所明,有所不明"。而且,墨家的立论常常比较坚决,简文则说"吾弗知也……吾又弗知也。此两者歧吾"云云,和墨家的风格不太像。另外,我们更应该考虑可能是某些佚名学者得出了"鬼神有所明,有所不明"这样的结论,由此《曹沫之陈》就以"臣闻之曰"来表述之,因此我们不必过于关注其所属学派。我们需要注意的是,先秦时百家争鸣,有思想者所在不少。

第四节 司马迁之说

相关言论不仅见于董无心,在著名的司马迁的文中也有相近的思想。《史记·伯夷叔齐列传》载:

> 或曰:"天道无亲,常与善人。"若伯夷、叔齐,可谓善人者非耶?积仁絜行如此而饿死!且七十子之徒,仲尼独荐颜渊为好学,然回也屡空,糟糠不厌,而卒蚤夭。天之报施善人,其何如哉?盗跖日杀不辜,肝人之肉,暴戾恣睢,聚党数千人,横行天下,竟以寿终。是遵何德哉?此其尤大彰明较著者也。若至近世,操行不轨,专犯忌讳,而终身逸乐,富厚累世不绝。或择地而蹈之,时然后出言,行不由径,非公正不发愤,而遇祸灾者,不可胜数也。余

---

① 侯外庐、赵纪彬、杜国庠:《中国思想通史》,第一卷,221、480、487页,北京,人民出版社,1957。

甚惑焉，傥所谓天道，是邪非邪？

"天道无亲，常与善人"，亦见《老子》第七十九章及《太公金匮》，散见于《说苑》等，虽不言鬼神之事，却至少也有"赏善"之意。司马迁引此言而不用墨子《明鬼》之语，这和他作《史记》的指导思想——究"天人之际"是合拍的。此处文字对举颜回、盗跖之事，和《鬼神之明》篇对举伍子胥、邃畲之事，非常相近。而司马迁所言："余甚惑焉，傥所谓天道，是邪非邪？"对天道表示疑惑[①]，和《鬼神之明》的"此两者歧吾"，有异曲同工之妙。

如果喜欢给学术思想划分学派，那么学无常师的司马迁的思想，该划入哪一家哪一派呢？由此反观《鬼神之明》，在证据不充分的前提下，似乎不必急于为它划定学派。这反倒能让我们更深刻地体会到"百家争鸣"的魅力，而不被区区"六家""九流十家"之说禁锢了自己的思维。当前，可以考虑把《鬼神之明》篇列入墨家的反驳者的行列，看作是某位目前不知名的"反墨者"的作品。这更能说明墨家思想在当时的影响力，而不必以楚简中出现了《墨子》佚文来佐证这一点。

还应该注意的是，上引董无心之说，见于《论衡·福虚》，王充仅引董说作结，而《鬼神之明》篇在思想上更抽象一些。这说明战国时的此一思想所达到的高度，已经足以傲视此后的思想界。而由《鬼神

[①] 司马迁于"天道"的理解，可参见刘家和：《〈史记〉与汉代经学》，见《古代中国与世界——一个古史研究者的思考》，433～459页，武汉，武汉出版社，1995。

之明》篇，我们不难发现墨家"明鬼"说所遇到的巨大挑战。司马迁更是举"近世"的"操行不轨，专犯忌讳，而终身逸乐，富厚累世不绝"，以及"或择地而蹈之，时然后出言，行不由径，非公正不发愤，而遇祸灾者，不可胜数也"的情况，后者实际上对应了他自身遭受的奇耻大辱。面对这正反两方面的检验真理的事实，相信没有人不会怀疑所谓"天道"，或者所谓"鬼神之明"。或许正是战国晚期、秦汉初期的激烈变动，使得战国时的显学——墨学的影响，到汉代就很快消亡了。因为它的理论前提难以经受住实践的考验，所以得不到知识分子的信任。

第五节　学派判定中的问题

董无心之说，和《鬼神之明》不完全相同，是笔者不把《鬼神之明》的学派归为儒家的主要原因，更何况司马迁也有相近的思想。如果传世文献和出土文献有某部分完全相同，或者重要观念相近，那么是否就可以通过二者之间的紧密关系来判定出土文献的学派属性呢？

这种做法，或许有一定的合理性。比如马王堆帛书《五行》中有"金声而玉振之"，这使大家想到了《孟子》，于是《五行》和孟子、思孟学派有关的说法，就广为接受。《五行》之中也有"慎独"，这使大家想到了《大学》《中庸》，似乎更能证成《五行》与思孟学派有关的说法。但是，在涉及帛书《五行》的形成时间是在《孟子》之前还是之后这一问题时，说法就有不同了。而如果考虑到《五行》的"经""说"之别，考虑"说"文部分，运用同样的判定学派属性的方法，那么至少"说"

文部分有和《荀子·王制》相关的文献,有与《墨子》相近的观念。①然则我们该如何判断《五行》的"说"文部分的学派属性呢?根据这种判定学派属性的方法,简1中出现了"仁义圣智"的《鬼神之明》,那它是否也算与《五行》有关的著作呢?

在郭店楚简和上海博物馆藏战国楚简陆续公布之后,有关的学派判定之作就更多了,众说纷纭,深入到了"儒家八派""七十子"。对这种现象,李存山先生曾经提出要注意:(1)注意某一或某些证据是否只能推出一种结论(即自己所持的观点),或者说是否可以排除其他的结论和观点。就目前楚简研究的情况看,许多成果还属于"假说"的性质,凡"解说各异"者恐怕大多因证据不足而难成定论。(2)注意"求否定的例",因为只需一两条"否定的例"就可使证伪具有有效性。"求否定的例"一可使假说不致和定论相混,二亦可能缩小一些假设的范围或减少一些假设。②

对于传世文献,也存在这种学派判定的争论。且不论后人对于《汉书·艺文志》将《管子》归入道家的批评,就是对于《管子》内部的篇章,也有不同说法。郭沫若先生根据《庄子·天下》等篇的评论,认为《心术》《内业》《白心》《枢言》等是宋钘、尹文的遗著③;裘锡圭先生则根据《庄子·天下》篇的评论,认为《心术上》《白心》中有大量慎到、

---

① 参见池田知久:《马王堆汉墓帛书五行研究》,王启发译,第二章第三、四节。
② 参见李存山:《郭店楚简研究散议》,载《孔子研究》,第3期(2000年)。
③ 参见郭沫若:《青铜时代·宋钘尹文遗著考》,见《郭沫若全集·历史编》,第一卷,北京,人民出版社,1982。

田骈一派的思想，曾认为"这两篇文章可能是慎到、田骈的学生写定的"①。

对于《心术》诸篇的学派属性的判定，深入到了"诸子"，非笔者所敢置喙（裘锡圭先生后来就曾指出其说与郭说，"证据都嫌不足"②）。只是反思我们判定学派属性的方法，以及指导我们实行这种方法的认识、观念，有很多值得怀疑的地方。

首先，因为古书颇多佚失，所以我们对战国时期思想状况的了解非常有限。我们实际上只不过是凭借几部古书，如《史记》以及《孟子》《庄子》等子书，来理解甚至推测、假想战国时候的情况的。《史记》已是汉人之作，子书则多为学派著作，更经流传、编订。不但战国时期思想状况的许多细节我们不清楚，就是学术中心与边缘的差别，当时人的思想习惯、学术制度等"常识"，我们也不清楚；甚至战国到秦汉之间这一时期发生了多么剧烈的变化，造成了怎样的影响，我们也不清楚；就是刘向、刘歆父子校书的细节，以及中秘书与外书的差别，今日所传之书与中秘书的关系，也有很多环节是我们不清楚的。我们只不过是凭借有限的几部书，以管窥天乃至捕风捉影罢了。我们要时刻反思、存疑，承认我们对于这一时段的认识的局限，不要鲁莽、武断。

---

① 裘锡圭：《马王堆〈老子〉甲乙本卷前后古佚书与"道法家"——兼论〈心术上〉〈白心〉为慎到田骈学派作品》，见《文史丛稿——上古思想、民俗与古文字学史》，59～80页，上海，上海远东出版社，1996。原文附录记述蒙文通先生有相近论述。

② 裘锡圭：《稷下道家精气说的研究》，见《文史丛稿——上古思想、民俗与古文字学史》，17页。

其次，司马谈的《论六家要旨》，刘向、刘歆父子的分判"九流十家"，都是一定时期的成果。"六家"与"九流十家"的源流，笔者已经有所探究。现在想着重指出的是，把它们作为判定先秦秦汉时期学派的一个标准，虽然有一定的参考意义，但也有其局限性，会限定我们的思想，使我们难以体会"百家"的情况。而就是《史记》等汉代的书，也盛称"百家"。我们用"六家""九流十家"判断学派，实际上是把对于《汉书·艺文志》中诸子书的想象当作讨论的基础。虽然我们现在已经注意到了子书是学派的集体著作，对于学派属性的判定，也深入到了"诸子"，但是却忘记了这些子书多经过了刘向、刘歆父子的整理，也忘记了今天所存的书，未必就是中秘之书，可能还经过了流传、整理。

再次，《尸子·广泽》篇、《庄子·天下》篇、《荀子·非十二子》篇、《吕氏春秋·不二》篇等，评判诸家，对于我们了解战国时期的诸子学派思想，非常有帮助。但是诸书之间的评价并不一致，甚至《荀子·解蔽》等篇之评价就和《荀子·非十二子》不同，很可能是异时异地异因异评价，我们还需要认真研究先秦秦汉时期的"学派"观念、师弟子的关系等，不可执一端而废众说。而且，我们不能把眼光局限于重要的几家、几本书，而应该考虑到还有很多不著名的或者根本就没留下姓名、书籍的思想家，更何况还有众多虽然重要但是到汉代已经不存在的书籍。

最后，章学诚著名的"言公"之论，指出了古书中相近章节、观念迭出的现象。这是好学深思者对于战国秦汉时期思想状况的研究成果，值得我们细心体会。诸子因为知识、学术背景等原因，确实会表现出言语、观念相近的特点，但是在这些相近的背后，还会存在"同中之异"，否则学派就不会分化了。我们要注意：（1）有一些相近的言论可能有共同的来源，或是引用，或是吸收自其他学派，因此不能将之作为自身特性的标志。如果根据这些言论来判定其学派属性，肯定会造成失误。（2）我们要努力从相近的材料、话题、言论之中，区分不同的思想倾向，区分"言公"和"私意"。比如，谈论到父慈子孝、主惠臣忠时，我们马上会调出儒家思想作为原型来思考问题，会认为凡是有这些思想的人，应该都属于儒家或受到了儒家思想的影响。而实际上，在孔子之前早已有了类似的理想，先秦诸子很多人在谈论社会人伦时，都复述了相近的话（这是"言公"），只是实现目标的手段不一致（这是"私意"[①]）。这种对于"同中之异"的区分，比较困难，尤其对于生于两千多年之后、典籍缺佚的今人来说。因此，我们不能因为片言只语、三言两语的"异中之同"，就急于对文献的思想属性做出判断。从传世文献乃至出土文献中找出文句、观念相近的文献，有助于我们理解文献，但是并不足以让我们对所有文献的学派属性做出判定。因此，我们似乎完全不必急于给《鬼神之明》这类著作做学派定性。

---

① 参见拙作《从"六位"到"三纲"》，见《新出简帛的学术探索》，344～354页。

第九章　上博简《慎子曰恭俭》的学派属性研究

《上海博物馆藏战国楚竹书》（六）之中，《慎子曰恭俭》一篇引起了不少学者的注意。在李朝远先生筚路蓝缕的考释工作基础之上[①]，学界主要从字词考释、竹简编联、思想研究三大方面展开了讨论，其中思想研究最令人瞩目。

下面首先列出笔者参考时贤研究成果之后做出的有关考释（方便起见，常见字直接写出正字）、编联（当然，还有不少学者提出了其他的编联方案），略作解释，然后讨论与哲学史、思想史有关的一些问题。

第一节　文本整理

慎子曰：恭俭以立身，坚强以立志，忠（中）寋（实）以反俞（渝），逆（择）友以载道，精法以巽（顺）埶（势）。1

裏（尚）得用于世，均分而广施，时（恃）德而方（傍）义，民之……4

[①] 参见马承源主编：《上海博物馆藏战国楚竹书》（六），273～282页，上海，上海古籍出版社，2007。

干（焉），恭以为履口，莫偏干（焉）；信以为言，莫偏干（焉）；强以［为］庚（赓）志，［莫偏焉］……2

伯夷、叔齐饿而死于沟渎，不辱其身，精（上博八《成王既邦》简4）

禄不累其志，故曰强。首戴茅芙（蒲），撰筱（茭）执楦（钽），遵畎服亩，必于……5

察今，为民之故，仁之至！是以君子向方知道不可以矣（已），临……6

物以坏（丕），身中处而不皮（颇），赁（任）德以竢，故曰青（精）。断室（？）……3

慎子曰恭俭3背

《慎子曰恭俭》一文，虽然残断过甚，令人痛惜，然犹可借之考察先秦慎子学派之思想。

开篇引慎子之语，从立身、立志开始，谈到法和势，并说若能用世，将"均分而广施，恃德而傍义"，与《大学》的修齐治平之说接近。其后谈到恭与口、信与言、强与志的关系，以"莫偏焉"连接，似有谆谆告诫之意；而后再辅以历史故事来具体讲解，并用"故曰"来强调什么是"强""精"。若非简文残断，恐怕还可以看到更多的"故曰"，围绕"恭俭以立身，坚强以立志，中实以反渝，择友以载道，精法以顺势"等进行解释。因此，此篇在循环往复地围绕"慎子曰"之语进行解说是可以看出来的。但是由于简文残断，还不能确定"尚得用于世"云云是否也被反复解释。

"故曰强""故曰青（精）"这样的语句，很像解经体，这表明此篇很可能属于慎子后学的作品，称引慎子的语句，然后进行解释。不过，值得注意的是，此篇谈到"立身""立志"等，是属于谈士人修为的作品，它表明简文不是一篇以"言治乱之事以干世主"为主题的文章，其重点在于谈论日常修为以及用世时的目标。那么，文中所提到的"慎子"是不是稷下学宫的慎到，就值得认真研究。

第二节 《慎子曰恭俭》的学派

李朝远先生说：文献中的慎子即慎到，战国时赵国人，曾在齐国的稷下学宫讲学，负有盛名。《史记·孟子荀卿列传》言"慎到著十二论"，将其归于学黄老之术；《汉书·艺文志》著录《慎子》四十二篇，将其归入"法家者流"；《崇文书目》作三十七篇，均已佚。现存辑录七篇，是否为原作，见仁见智。慎子一般被视为法家，本篇名为"慎子曰恭俭"，但内容几不见于现存各种版本的《慎子》，而似与儒家学说有关。故简文中的"慎子"与文献中的"慎子"是否为同一人，尚有待研究。

陈伟先生则根据其所作释文，指出："李先生的分析很有道理。上文考释的几条，像'忠质''中处而不颇''向方知道'，基本上也都是儒家的观念。"陈伟先生还指出："不过，李先生按通行观念，把文献中的慎子看作同一个人,却可能有问题。战国、西汉典籍中记载的慎子,恐怕并不都是同一个人。"他认为《战国策·楚策二》"楚襄王为太子之时"章所记慎子不是慎到;《孟子·告子下》的"鲁欲使慎子为将军"中的慎子,"不大可能是慎到。他与担任楚顷襄王傅的慎子是不是一个人,则不好判断。""如同李朝远先生指出的那样,从竹书《慎子曰恭俭》的思想倾向看,此文不可能是慎到所作。其作者,很可能就是曾经担任楚顷襄王傅的慎子。如果真是这样,这篇竹书的写作年代,大概是在楚怀王之世(公元前328年—公元前299年)或者顷襄王即位至东迁之前(公元前298年—公元前279年)。竹书中所说'尚得用于世,均分而广施'一类的话,似乎与太子的身份有关。在这种情形下,这篇竹书最可能写于他任太子傅之时,即公元前300年以前的一段时间。"①

李朝远先生和陈伟先生都承认简文和慎子相关,但是对于简文中的慎子是不是稷下学宫的慎到,持保留意见。

这里涉及判定简文的学派归属的问题。关于学派归属,如果补充"时(恃)德而方(傍)义""仁之至""信以为言"等语词,似乎可以证明此篇为儒学作品。然若根据上述释文中的"精法以顺势""均分而广施",亦恐不难敷演出论证此文属于所谓法家慎子佚文。因为"恭俭""中处而不颇""向方知道"之类语词,可能属于"诸子言公"的"公言",是所谓大传统、古代经典中的教化语词,或见于古代诗书,或

---

① 陈伟:《〈慎子曰恭俭〉初读》,见张光裕、黄德宽主编:《古文字学论稿》,317页,合肥,安徽大学出版社,2008。

散见于百家之言。譬如《尚书·洪范》"无偏无陂（颇），遵王之义"，郭店楚简《缁衣》中有佚诗"吾大夫恭且俭，靡人不敛"，《文子·符言》："故至德言同辂，事同辐，上下一心，无歧道旁见者，遣退之于邪，开道之于善，而民向方矣。"如果有某些词汇难以反驳或认同它们属于某一家（譬如儒家），如今存《慎子》佚文中有"《诗》，往志也；《书》，往诰也；《春秋》，往事也"①，那也可以论证此文属于思想折中的作品，比如可以说此篇为慎子后学中受儒家思想影响者所作，以见战国时百家思想的互相影响……

关键的问题是，什么可以作为我们判定文献思想归属、学派属性的依据？这是问题的本质所在，它是近来的出土文献乃至传统文献学派判定研究中几乎从来没有被追问的前提。近年来，《为吏之道》《性自命出》《恒先》《鬼神之明》等诸多篇章所引起的关于学派属性的争论，已经非常之多了。

常见的方法，不过是根据文献所见词汇，或者根据相近文句，根据与其他文献的重文，来做出判定。应该承认这些方法有一定可信性，比如《性自命出》，我们可以将其判定为儒家作品。但是如果进一步追问属于儒家内部哪一派别，则意见纷呈。

根据研究，笔者倾向于认为考察先秦的学派，应该更注重师承，更重视百家之说，而淡化"六家""九流十家"之说，淡化《汉书·艺文

---

① 参见阮廷焯：《先秦诸子考佚》，195 页。

志》的分类。因此考察《慎子曰恭俭》的学派归属，我们就应该抛开"法家"这样的思维定式，而直接拿传世的与《慎子》有关的文献和简文进行对比。

根据研究，笔者认为《慎子曰恭俭》中所记的言论，和传世所述慎到的思想符合。

《慎子曰恭俭》开篇谈论"恭俭以立身，坚强以立志，中实以反渝，择友以载道"等内容，这是有目的的行为。《慎子》佚文有："久处无过之地，则世俗听矣。"① 由此我们也就更明白了《庄子·天下》篇为什么会评论慎到说："全而无非，动静无过，未尝有罪。"

简文说"坚强以立志，中实以反渝"，后文又说到"禄不累其志"，这可能是慎子学派比较特别的学说内容，其目的是要达到《慎子》佚文所说的"外物不累其内"（所谓"中实"，是治心的范畴，马王堆帛书《经·五正》阉冉答黄帝曰："后中实而外正，何患不定？"）。所以《庄子·天下》评论说："公而不当，易而无私，决然无主，趣物而不两，不顾于虑，不谋于知，于物无择，与之俱往。古之道术有在于是者。彭蒙、田骈、慎到闻其风而悦之。齐万物以为首，曰：'天能覆之而不能载之，地能载之而不能覆之，大道能包之而不能辩之，知万物皆有所可，有所不可，故曰选则不遍，教则不至，道则无遗者矣。'是故，慎到弃知去己而缘不得已，泠汰于物以为道理。曰：'知不知，将薄知之

---

① 阮廷焯：《先秦诸子考佚》，195页。

而后邻伤之者也，諆髁无任，而笑天下之尚贤也！纵脱无行，而非天下之大圣。椎拍輐断，与物宛转。舍是与非。苟可以免。不师知虑。不知前后。魏然而已矣。推而后行。曳而后往。若飘风之还。若羽之旋。若磨石之隧。全而无非。动静无过。未尝有罪。是何故。夫无知之物。无建己之患。无用知之累。动静不离于理。是以终身无誉。故曰：至于若无知之物而已。无用贤圣，夫块不失道。'豪桀相与笑之曰：'慎到之道，非生人之行，而至死人之理，适得怪焉。'"现在我们理解了慎子的目的是要使自己的心志不受外物的干扰，就能更好地体会《庄子》之语了。至于豪杰非议慎到之道，未免过于夸张。而《慎子》佚文所记此派为达到"外物不累其内"，甚至轻死生，则又可称道也："始吾未生之时，焉知生之为乐也；今吾未死，又焉知死之为不乐也。故生不足以使之，利何足以动之；死不足以禁之，害何足以恐之。明于死生之分，达于利害之变。是以目观玉辂琬象之状，耳听白雪清角之声，不能以乱其神；登千仞之溪，临嫛眩之岸，不足以滑其知。夫如是，身可以杀，生可以无，仁可以成。"[1]这里说到杀身成仁，简文中说"为民之故，仁之至"，看来仁、义有可能在当时早已经成为"公言"，故并非儒家特色。

简文说"禄不累其志"，可以参看《慎子》佚文："移求爵禄之意而求义"[2]。简文也明确说出："尚得用于世，均分而广施，恃德而傍义。"简文的"均分而广施"，可以参看《庄子·天下》篇的"公而不当，易

---

[1] 阮廷焯：《先秦诸子考佚》，203 页。
[2] 阮廷焯：《先秦诸子考佚》，202～203 页。

而无私"。但是慎子思想的出发点,当是从循法、不争的角度而言的,并非儒者之"不患寡而患不均"。《慎子·威德》里说:"定罪分财必由法"。《慎子》佚文也提到:"法之功,莫大使私不行;君之功,莫大使民不争。"①

然而《荀子·解蔽》说:"慎子蔽于法而不知贤。"但是《慎子·知忠》已经指出"治乱在乎贤使任职"。看来此派并非不重贤,只是就法（或者势）与贤相比而言,慎子更重视法（或者势）。②简文说"择友以载道",也有重视贤者之意。慎子之学虽然"于物无择",但是"择友",而"择友"是为了"道"。

简1前四句"恭俭以立身,坚强以立志,中实以反渝,择友以载道"中,"以"之前者皆以后者为目的,则"精法以顺势"亦当如此。论法、术、势者常以势为行法之必要条件,如《韩非子·难势》:"尧教于隶属,而民不听;至于南面而王天下,令则行,禁则止。"简文云"精法以顺势",看来是以势指代有势者、君民者（因此,其下文才有"尚得用于世"之说。《慎子》佚文提到"礼从俗,政从上,使从君"③）。因为强调明法之目的乃是为有势者所用,故慎子虽然揭示了"势"之重要,但是仍以"法"为其思想重心。是故《荀子·非十二子》以"尚法而无法"批评慎子,《荀子·解蔽》云"慎子蔽于法而不知贤",不谈论

---

① 阮廷焯:《先秦诸子考佚》,186页。
② 参见王叔岷:《先秦道法思想讲稿》,255页,台北,"中央研究院"中国文哲研究所,1992。
③ 阮廷焯:《先秦诸子考佚》,186页。

其关于"势"的理论[反而评价申子为"申子蔽于执（势）而不知知"；而《吕氏春秋·不二》则以孙膑为贵势之代表"孙膑贵势"①]，而不像《韩非子·难势》讨论势与贤之关系，《荀子》是抓住了慎子思想的本质的。《韩非子》则是要融合法、术、势之理论，故有所不同。

了解了"顺势"之意义，再结合简文的"均分而广施，恃德而傍义"、"为民"、"身中处而不颇"，以及所强调的"恭俭"和"首戴茅蒲，撰苵执耝，遵畎服亩"云云，我们也能更好地体会《荀子·非十二子》中所说的"尚法而无法，上循②而好作，上则取听于上，下则取从于俗，终日言成文典，反纠察之，则倜然无所归宿，不可以经国定分；然而其持之有故，其言之成理，足以欺惑愚众，是慎到、田骈也"。慎子尚法，顺君民者之势，又能为民，而且提出"恭俭"这些"公言""文典"，但是他自己却是"决然无主，趣物而不两"，因循于后，所以荀子说他"反纠察之，则倜然无所归宿，不可以经国定分"。

笔者前面在做释文的时候，参考了后世有关慎到思想的记述、评论以及《慎子》佚文，以有助于简文的释读。但是不能因为笔者先这样做注释，然后推论简文符合慎到的思想，就认为笔者所做的是循环论证。笔者在做注释的时候并没有刻意求同于慎子的思想以及《慎子》佚文，

---

① 银雀山汉简《孙膑兵法》中有论及"势"之处，而《孙子兵法》有《势》篇，岂慎到是将兵家之学说引入治道而著名者？《汉书·艺文志》等云"慎子先申韩，申韩称之"，今人每责其误。由《荀子》之批评"申子蔽于执（势）而不知知"来看，或因慎到贵势之大名，而为申子后学所称引，因而致误？

② 原作"下修"，兹从于省吾《荀子新证》说改。

所做注释基本符合通假、疏证的规则（譬如，不能因为笔者把"巽𥉌"读作"顺势"就认为这是在贴合慎子的思想，一定要坚持将"𥉌"读为本字或其他字）。也不能因为战国时代可能有几个被称为慎子者，就认为简文可能不是慎到之思想，而《汉书·艺文志》所记可能并没有反映战国时期的现实。应该说，战国时期存在几个可被称为慎子者，这是有可能的。但是，我们要从简文内容出发来做判断，要断定简文的核心内容（"恭俭以立身，坚强以立志，中实以反渝，择友以载道，精法以顺势"，简2以及简5、简3皆围绕之进行论述）所反映的思想倾向；同时也要将慎子的批评者所描述的慎子的独特思想放回战国时期的思想大势之中，考虑慎子思想中并不"独特"的地方，考虑先秦时期"诸子言公"的特点。不能因为简文有几处和所谓儒家思想有关的内容，就怀疑简文所记非慎到的思想。

我们来看全篇的逻辑层次：开篇称引慎子之语，包括日常修为和出仕之后的目标两部分，是慎子之学的学术修养——政治实践的大纲，是学以致用、学而优则仕的老传统；之后围绕日常修为进行解释，谆谆告诫"莫偏焉"；又举古代名人之例说明如何实行之；再次论述何为强、何为精，层层展开，益可信其为慎子学派之作，很可能是其弟子后学的作品。

因此，根据余嘉锡先生所总结的先秦子书形成规则，此篇《慎子曰恭俭》可能成于慎子后学之手，当属于《慎子》。而且此篇不是谈论的重势、重因循等慎到的特色内容，谈论的是士人如何进行修养，使我们见到了古代思想家的另一面，或许更有意义。

第三节 慎到的时代

关于慎到其人，钱穆先生有比较详细的考证，认为慎子名滑厘，字到，较孟子稍后。但是从学者们的研究来看，钱穆先生将慎到和《孟子》中的"慎滑厘"联系起来，是不正确的。[①]

钱穆先生曾提到《战国策·楚策二》所记楚顷襄王傅慎子，认为"年代尚无不合"，但是因为载有这一篇的慎子书为伪作，故以为"不足据"。[②] 这是说《慎子》书载这个故事不可信（关于这个收入《四部丛刊》的《慎子》，罗根泽先生有详考），但是楚顷襄王傅慎子是不是赵人慎到，从年代上看是有可能的。

《战国策·楚策二》载：

> 楚襄王为太子之时，质于齐。怀王薨，太子辞于齐王而归，齐王隘之："予我东地五百里，乃归子。子不予我，不得归。"太子曰："臣有傅，请追而问傅。"傅慎子曰："献之地，所以为身也。爱地不送死父，不义。臣故曰献之便。"太子入，致命齐王曰："敬献地五百里。"齐王归楚太子。太子归，即位为王。齐使车五十乘，来取东地于楚。楚王告慎子曰："齐使来求东地，为之奈何？"慎子曰："王明日朝群臣，皆令献其计。"上柱国子良入见。王曰：

[①] 参见阮廷焯：《先秦诸子考佚》，177～178页。
[②] 参见钱穆：《先秦诸子系年》，492～495页。

"寡人之得来反王坟墓、复群臣、归社稷也,以东地五百里许齐。齐今使来求地,为之奈何?"子良曰:"王不可不与也!王身出玉声,许万乘之强齐而不与,则不信,后不可以约结诸侯。请与而复攻之。与之信,攻之武。臣故曰与之。"子良出,昭常入见。王曰:"齐使来求东地五百里,为之奈何?"昭常曰:"不可与也!万乘者,以地大为万乘。今去东地五百里,是去战国之半也,有万乘之号而无千乘之用也,不可。臣故曰勿与。常请守之。"昭常出,景鲤入见。王曰:"齐使来求东地五百里,为之奈何?"景鲤曰:"不可与也!虽然,楚不能独守。王身出玉声,许万乘之强齐也而不与,负不义于天下。楚亦不能独守。臣请西索救于秦。"景鲤出,慎子入,王以三大夫计告慎子曰:"子良见寡人曰:'不可不与也,与而复攻之。'常见寡人曰:'不可与也,常请守之。'鲤见寡人曰:'不可与也,虽然,楚不能独守也,臣请索救于秦。'寡人谁用于三子之计?"慎子对曰:"王皆用之。"王怫然作色,曰:"何谓也?"慎子曰:"臣请效其说,而王且见其诚然也。王发上柱国子良车五十乘,而北献地五百里于齐;发子良之明日,遣昭常为大司马,令往守东地;遣昭常之明日,遣景鲤车五十乘,西索救于秦。"王曰:"善。"乃遣子良北献地于齐;遣子良之明日,立昭常为大司马,使守东地;又遣景鲤西索救于秦。子良至齐,齐使人以甲受东地。昭常应齐使曰:"我典主东地,且与死生,悉五尺至六十,三十余万弊甲钝兵,愿承下尘。"齐王谓子良曰:"大夫来献地,今常守之，何如？"子良曰："臣身受命弊邑之王，是常矫也。王攻之。"齐王大兴兵攻东地，伐昭常。未涉疆，秦以五十万临齐右壤，曰："夫隘楚太子弗出，不仁；又欲夺之东地五百里，不义。其缩甲则可；不然，则愿待战！"齐王恐焉，乃请子良南道楚，西使秦，解齐患。士卒不用，东地复全。①

从这个慎子的言行来看，他颇重因循之术，而都出于不得已。《庄子·天下》篇说"慎到弃知去己而缘不得已"。从重因循和缘不得已来看，《战国策·楚策二》所记慎子，很可能就是赵人慎到。若因为明人将《战国策·楚策二》等文献编入《慎子》，就怀疑《战国策》本身的可靠性，恐有失公允。《战国策·楚策二》所记慎子的故事虽有可疑之处，但这恐怕应该归于《战国策》的特点。退一步讲，即便此故事为依托，但是何故依托名为慎子者，而其言其行又皆符合慎子因循之道，是否与慎子后学有关，也可以考虑。

"重因循"是慎到的思想独特之处，但是他并非时时、事事都只体现这个思想。前引《慎子》佚文有"《诗》，往志也；《书》，往诰也；《春秋》，往事也"，说明慎子对"六艺"也有一定的研究，而他在齐又有相当的威望，适于担任太子老师（而不太可能是所引佚文属于担任太子傅的慎子，误合于赵人慎到名下）。

如果《战国策·楚策二》的慎子就是慎到，那么时当楚怀王三十

---

① 诸祖耿：《战国策集注汇考》，789～791 页，扬州，江苏古籍出版社，1985。

年，齐湣王二年，公元前 299 年。根据《史记·田敬仲完世家》的记载，齐宣王之时，慎到等为稷下学士，而楚太子在怀王二十九年才为质于齐，很可能此时慎子才为楚太子傅。慎子虽然帮助楚太子解决了困难，但是诚如《荀子·非十二子》的批评"尚法而无法，上循而好作，上则取听于上，下则取从于俗，终日言成文典，反䌷察之，则倜然无所归宿，不可以经国定分；然而其持之有故，其言之成理，足以欺惑愚众，是慎到、田骈也"和《荀子·天论》的批评"慎子有见于后，无见于先"，慎子不能"经国定分"，只能"上则取听于上，下则取从于俗"（《慎子》佚文提到"礼从俗，政从上，使从君"），因循于后，不足以挽救处于危难之中的楚国，大概不久就离开楚国了。

战国时政治形势错综复杂，而又颇有民主风气，对于各为其主者并无过多责难，因此慎子帮助楚国坏齐之美事，并不足以使慎子不能重回稷下。是故《盐铁论·论儒》篇说："齐威、宣之时，显贤进士，国家富强，威行敌国。及湣王，奋二世之余烈，南举楚淮，北并巨宋，苞十二国，西摧三晋，却强秦，五国宾从，邹、鲁之君，泗上诸侯皆入臣。矜功不休，百姓不堪。诸儒谏不从，各分散，慎到、捷子亡去，田骈如薛，而孙卿适楚。内无良臣，故诸侯合谋而伐之。"慎子在齐湣王末年散去。后来田单收复齐国首都，迎接襄王回齐，然后开始恢复稷下学宫。《史记·孟子荀卿列传》说"自驺衍与齐之稷下先生，如淳于髡、慎到、环渊、接子、田骈、驺奭之徒，各著书言治乱之事，以干世主，岂可胜道哉"，又说"田骈之属皆已死齐襄王时，而荀卿最为老师"。

前引《盐铁论》记诸人顺序为慎到、捷子、田骈,《史记·孟子荀卿列传》顺序为慎到、接子(捷子)、田骈,与之相同。但是《史记·田敬仲完世家》则说"宣王喜文学游说之士,自如驺衍、淳于髡、田骈、接予、慎到、环渊之徒七十六人,皆赐列第,为上大夫",顺序为田骈、接予(捷子)、慎到,与《盐铁论》《史记·孟子荀卿列传》的顺序相反,看来《史记》所言诸人次序并无确定的先后[1]。是故《史记·孟子荀卿列传》所说"田骈之属皆已死齐襄王时",这个"田骈之属"应该包括了慎到。因此,慎到终老于齐,可能在齐湣王时亡去之后,等齐襄王重建稷下学宫之时再回到齐国,之后不久过世,可能死于齐国。《太平寰宇记》卷三十云"慎子墓在济阴县西南四里",或可资参考。[2]

胡适先生认为慎到"学派成熟的时期"大概在公元前3世纪的初年,并指出《汉书·艺文志》所说慎子先于申子之说不可靠[3];梁启超先生认为慎到的生卒年为公元前359年—公元前294年;钱穆先生认为是公元前350年—公元前275年[4];吴光先生认为是公元前365年—公元前280年[5];白奚先生认为是公元前350年—公元前283年[6];潘志锋先生认

---

[1] 《庄子·天下》篇所说的"彭蒙、田骈、慎到",也并不足以表明先后之序。《天下》篇虽说有"墨翟、禽滑厘"之顺序可信,但是也有"关尹、老聃"之不可据为顺序者。

[2] 参见阮廷焯:《先秦诸子考佚》,176页。

[3] 参见胡适:《中国哲学史大纲(卷上)·古代哲学的终局·前三世纪的思潮》,见姜义华主编:《胡适学术文集·中国哲学史》(上册),230页,北京,中华书局,1991。

[4] 参见钱穆:《先秦诸子系年》,696页。

[5] 参见吴光:《黄老之学通论》,84页,杭州,浙江人民出版社,1985。

[6] 参见白奚:《稷下诸子生卒约数年表》,见《稷下学研究:中国古代的思想自由与百家争鸣》,304页,北京,生活·读书·新知三联书店,1998。

为是公元前350年—公元前283年（或279年）[①]。

齐襄王在位为公元前283年—公元前265年，而田单复齐国在公元前279年，重建稷下学宫当是此后之事。因此，上述慎子卒年诸说之中，以钱穆先生公元前275年之说较为合理。

慎子为战国时著名人物，其说在楚地流传，未必要等到他担任楚太子傅之时。上博简传出于故郢地，马承源先生明确指出："两次请中国科学院上海原子核研究所对竹简做了历史年代测定，由超灵敏小型回旋加速器质谱计测出竹简距今时间为2257±65年。"[②]则经科学方法测定的竹简年代，约是公元前324年—公元前194年。但是竹简年代还应该不晚于白起拔郢之年（公元前278年），因此，《慎子曰恭俭》篇竹简的年代范围约是公元前324年—公元前278年。慎子在齐宣王时担任上大夫，齐宣王在位年份是公元前319年—公元前301年；又《慎子曰恭俭》有"故曰"之语，应系慎子弟子后学所作，而这些弟子后学很可能是在慎子担任上大夫之后才从游，由此不难看出《慎子曰恭俭》应该是传到郢都的时髦思想，年代恐在公元前319年—公元前278年。慎子担任上大夫时恐怕不会太年轻，虽然他是在哪一年担任上大夫的还不清楚，但是钱穆先生取生年为公元前350年或恐过晚，今姑取梁启超先生公元前359年之说。徐幹《中论·亡国》篇说："昔齐桓公立稷下之官，设

[①] 参见王永祥、潘志锋、惠吉兴：《燕赵先秦思想家公孙龙、慎到、荀况研究》，81页，保定，河北大学出版社，2002。

[②] 朱渊清：《马承源先生谈上博简》，见朱渊清、廖名春编：《上博馆藏战国楚竹书研究》，3页，上海，上海书店出版社，2002。

大夫之号，招致贤人而尊宠之，自孟轲之徒皆游于齐……"则齐之稷下学宫始于田午。即以慎子在齐宣王初年即担任上大夫而论，也符合古人"四十曰强，而仕"之礼节。

因此，慎子之生卒年岁约为公元前 359 年—公元前 275 年，计 84 岁，对于享受不治而议论的慎子来讲，这是很有可能的。慎子担任上大夫、稷下学士之后，弟子从游者当有不少，其门人取慎子之语而敷演为文，是可以想见的。因为慎子之名气或后来慎子为楚太子傅之故而流传到楚地，都是有可能的。

《荀子》一书中，《天论》《解蔽》《非十二子》三篇批评了不少名人，处处都提到了的是慎子、墨子、宋子。这说明慎子之学，在当时影响确实比较大。楚太子以之为傅，《庄子·天下》篇对其学说做了专门的评论，良有以也。千载之后，得其学之残简，加深了我们对其学术的了解，真盼望能有复原《慎子曰恭俭》全文之日！

总结　对出土简帛古书学派判定的思索

近些年大批简帛古书的出土，引发了许多令人关注的问题。其中被讨论得较多的是简帛古书所属的学派或从属于某一部书的问题。由于从属于某一部书往往也和学派相关，所以下面的讨论统称为简帛古书的学派判定问题。因为不少学者对于简帛古书的学派判定不一，甚至相去甚远，加之学派这个问题还和简帛古书的年代等问题相关，所以，如何判定简帛古书的学派，值得研究者认真思索。

目前简帛古书的学派判定工作，已经取得了不少成绩。上自河南信阳长台关楚简第一组，甘肃武威磨嘴子汉墓《仪礼》简，山东临沂银雀山汉墓竹简《六韬》等，河北定县（今为定州）八角廊汉墓竹简《论语》《儒家者言》《文子》，湖南长沙马王堆汉墓帛书《老子》《五行》《九主》，以及《经法》《十大经》《称》《道原》等四篇，还有《周易》经传、《春秋事语》《战国纵横家书》，湖北云梦睡虎地秦墓竹简《为吏之道》《语书》，安徽阜阳双古堆汉墓竹简《诗经》，青海大通县上孙家寨汉墓竹简，湖北江陵张家山汉墓《盖庐》，湖南省慈利县城关石板村《宁越子》等，湖北江陵县荆州镇郢北村王家台秦墓《归藏》；下至湖北荆门郭店楚墓竹简《老子》《太一生水》《缁衣》《鲁穆公问子思》《穷达以时》《五行》《唐虞之道》《忠信之道》《成之闻之》《尊德义》《性自命出》《六德》及四组《语丛》，上海博物馆藏战国楚竹简八册中的《孔子诗论》《紂衣》《性情论》《子羔》《鲁邦大旱》《从政》《容成氏》《恒先》《彭祖》《周易》《仲弓》《内豊》《曹沫之陈》《三德》《鬼神之明》《慎子曰恭俭》《孔子见季趄子》《凡物流行》《郑子家丧》《子道饿》等篇。不少学者就这些篇章属于某个学派发表了意见。经过这些年的研究，学者们充分利用传世文献，大概将简帛古书在现有条件下所可能属于的诸种学派都罗列了出来，譬如关于马王堆帛书《五行》经传以及后来的郭店楚简《五行》，至今已有不少于35种意见，后来者似乎只能在诸种可能性中进行取舍了。但是这样一来，就出现了一个比较消极的后果：曾经被认为能够重写思想史、学术史乃至引发中国的"文艺复兴"的新出简帛，实际上只不过为古代思想补充了一些文献而已（比如可以在儒家列子思学派，以《五行》《中庸》等为思想文献），最多只能修正个别结论，而不足以改变大局。所以，有学者认为出土文献并不能产生重写思想史或学术史的结果。也有学者认为近几年强调出土文献太过，要重新强调研究传世文献的重要性。于是，也有学者认为这几年强调的"走出疑古时代""重建中国古典学"等有问题。

这里面牵涉到很多问题，绝非三言两语就能说清楚，也和本书的主题不太相关。简言之，笔者认为，出土文献确实有可能重写思想史、学术史。此中的关键，不是新出土简帛对传世文献的补充和冲击[①]，也不是新思路、新观念指导之下的新编纂法或新写法，而是由新出文献引发的我们对过去用以指导学术研究的观念、预设的深刻反思、扬弃之后所采用的新的研究范式。也就是说，如果出土文献能够改变我们过去研究学术、思想时所持的观念和预设，那么势必会促成对思想史、学术史的重写。这时的重写，应该和单纯的模仿西方流行的观念改变而亦步亦趋的视域改变有所不同，而是从中国自身的问题出发所引发的变革，是观念和史料的双重改变。不无夸张地说，可以称之为一种哥白尼式的革命：是由把出土文献纳入现存传世文献，以传世文献为中心，转变为以出土文献为中心，从出土文献的视角重新审视过去的一切文献。

比如我们过去有很多关于伪书的争论，多次出土简帛古书之后，我们才发觉先秦秦汉许多古书的形成是一个长期的变化过程，远不像后世书籍一样是在定点形成且可以按时间先后来排序。由此学界发现余嘉锡先生的《古书通例》于此最为有见（目前已有学者就新出土的简帛古书对《古书通例》进行修正），而胡适按古书时代排队来处理先秦秦汉材料的"祖孙法"这个重要的操作方法便存在预设上的漏洞。因此，由胡适等人所确定的一些研究结论，必然要随着观念的改变和材料的增加而调整。对于作为源头的先秦秦汉，不仅要改变观念来重新认识，而且材料也增加了，则后面的许多问题也必然要产生变化。当然，以上所说的

[①] 比如《五行》，越来越多的学者承认这就是荀子所批评的思孟五行，是子思学派的重要作品。但这个材料只是帮我们补充了一个子思学派的作品，还不足以改写或重写思想史。

仅仅是一个方面的观念变化，出土文献所带来的反思绝不止这一个。不过或许是积重难返，或许简帛学界的成果还没有深刻影响相关学界，当前的思想史、学术史尚没有出现我们所期待的"重写"。但是我们相信这样的"重写"迟早会出现。

本书所讨论的简帛古书的学派判定问题，也可能会导致一种观念的变革。出土简帛古书的学派判定，根源于传世文献所引发的学派观念及文献时代判定方法。可是同是从传世文献出发，运用相近的方法，对出土简帛古书的学派判定却出现了不同的结果。比如关于《五行》的学派已有不少于35种意见，同一人面对帛书《五行》和郭店楚简《五行》的前后之说也有不同。这表明我们现行的观念、方法可能有问题。如果不反思我们目前对于学派的认识，不试着对学派观念、研究方法做出一些改变，那么我们仍将停留在毫无意义的无休止的争论之中。好在目前关于出土简帛古书的学派判定问题，已经出现了一些反思性的意见，但是还没有上升到检讨学派观念、研究方法的层面上。其实有关简帛古书学派判定最值得反思的根本性问题是：什么可以作为学派判定的标准？由此而产生的问题自然是：什么是"学派"？具备什么条件才可以成为一个学派？

第一节　学派的问题

何为"学派"，与之有关的问题比较复杂。其关键是，我们后人对于"学派"的认识，和先秦的"百家"、司马谈的"六家"、刘歆的"九流十家"掺杂在一起。胡适认为先秦本没有"六家",冯友兰则认为先秦有"六家"。冯友兰在学界的影响比胡适要大;我们的治文史之学必先通目录学的教诲,也有意无意地暗示我们:要"宗刘"。所以当前学界在讨论简帛古书的时候,往往拿"六家"尤其是"九流十家"的观念去看待这些先秦和秦汉初的简帛古书(当然也包括《汉书·艺文志》兵家的四种——兵权谋、兵形势、兵阴阳、兵技巧,以及数术类的六种——天文、历谱、五行、蓍龟、杂占、形法,方技类的四种——医经、经方、房中、神仙,下文如非需要,不特别标注)。我们常常以为"六家"、"九流十家"、《汉志》等非常适合于对新出土的知名和不知名的古书进行整理。我们在不知不觉中,接受了一个由"祖孙法"指导的学派流变图("六家"—"九流十家"—《汉志》),或一个心同理同的思维框架(刘氏父子校书和我们现在的工作差不多),因此我们见到简帛古书就会拿出这个分类框架,将新出土古书补入旧框架之中。虽或时有差舛,小有修补,比如采用几个没有明确定义的概念如道法家、黄老学派等,但是并没有从根本上意识到这个思维框架本身可能是有问题的,它是一个未经检验的"预设"。试问"六家"与"九流"有没有不同?司马谈和司马迁有没有不同?刘向和刘歆有没有不同?司马谈和刘歆有没有不同?秦"焚书"对古书、学派有什么影响?

有一个时期,我们倒是抛开了这个"预设"。我们一度重视唯心唯物的斗争观,于是所有的哲学史、思想史都以此问题为中心。但是后来我们渐渐发现,唯心唯物并不符合中国古人的思维,是强古人以就今。

因此学界很快在合适的时机抛开了以唯心唯物的斗争观为主线的哲学史、思想史，只可惜又回到了"六家""九流十家"的老路上。

学术研究忌讳用后世的眼光去看古人。可是"六家"和"九流十家"就是这样的一种后设思路——虽然它们的提出者在当时或并未特别强调要这样去看古人，但是我们今人一旦使用这种框架去看先秦秦汉的思想界，就是以今观古了。因为"六家"和"九流十家"都是汉人对以先秦为主体，兼及秦汉时期学术著作所做的一种分类，虽然来源有据，但是在先秦并非只有这样的分类，而且即使是汉代人也未必完全同意这样的分类。

笔者曾经详细分析并指出，"百家"和"六家""九流十家"同是使用"家"，但是含义并不相同。"百家"是针对有学术师承、学术渊源的学派而言的，某一师承下自成一家者视情况出入之（如儒家有所谓"七十子"，每一子皆可谓自成一家，但是都属于孔门的儒家）；"六家""九流十家"是针对有相近的学术宗旨、学术兴趣、学术问题的学者群而言的，有可能有直接的师弟子关系，也可能没有师承渊源，或者是私淑弟子，也可能是同倡某一学说。后者的外延较前者宽，所以后者往往包括很多前者，乃至成为前者之上的一种纲目名称。比如刘歆的"九流十家"之下是"诸子百八十九家"，诸子百家仍然在这里保留着，"九流十家"是"百家"之上的纲目。[①] 但是先秦秦汉时期更喜欢讲师承

---

① 参见拙作：《九流：从创建的目录名称到虚幻的历史事实》，载《文史哲》，第4期（2004年）；《"六家"、"九流十家"与"百家"》，载《中国哲学史》，第3期（2005年）。

（古代希腊和佛教派别都重视师承，这应该是东西方共通的学派判别标准[①]），用"百家"，"百家"比"六家""九流十家"更适合用于谈论当时的学派。

已经有学者指出司马谈首先命名了法家，但是司马迁在《史记》中并没有称呼申不害为法家[②]，其实司马谈的名家也是如此。笔者也从刘向的《别录》佚文发现仅《孙卿书录》及《列子书录》略微谈及了儒、道之学；另外，《别录》有佚文载"申子学号曰刑名。刑名者，循名以责实，其尊君卑臣，崇上抑下，合于六经"，"邓析好刑名"，但《申子》后来在《汉志》中被归入法家，《邓析》则被归入名家，且《汉志》未用"刑名"之称；又《别录》佚文有"（尉）缭为商君学"，尉缭看来似乎当属"刑名"，然而其书在《汉志》中见于杂家及兵形势；《别录》佚文述商君"谋事画计，立法理民"皆咨询尸子，尸子亦似当属"刑名"，但其书在《汉志》则见于杂家；位列《汉志》农家之首的《神农》，《别录》佚文谓"疑李悝及商君所说"，则刘向可能是将《神农》归入"刑名"，大概以其有利于耕战之"耕"；《别录》佚文之"（我子）为墨子之学"，《我子》确被归入《汉志》墨家。然则刘向眼里的学术是儒、墨、

[①] 参见拙作：《古代中西方的"学派"观念比较——兼论"思孟学派"的问题》，载《中国哲学史》，第 4 期（2007 年）；《由佛门传灯看古代中国的学术传承系谱》，载《清华大学学报（哲学社会科学版）》，第 1 期（2011 年）。按：笔者最近又考察基督教、伊斯兰教、道教中的教派、宗派，发现以创始人姓名以及以宗旨分派，都具备通约性。但是按宗旨划分常常导致划分不净，不同师承的人容易混为一谈。而从师承、创始人的姓名来划分学派，则仍然能谈师承，只需注意将师承中自成一家者按情况出入就行。详另文。

[②] See Herrlee G. Creel（顾 立 雅），*Shen Pu-hai: a Chinese Political Philosopher of the Fourth Century B. C*（Chicago and London: University of Chicago Press, 1974），p.139.

道、刑名等学,"九流十家"是其子刘歆的创作(详另文)。这不仅表明父子二人对于学术的划分大不相同,而且表明以"九流十家"来看待学术的思路,甚至西汉末年的人也不是全都接受的。

司马谈分六家的原因是"愍学者之不达其意而师悖,乃论六家之要旨",他关注的是"治",因此没有谈当时与治国无关的纵横家等。当时的学者为何会"不达其意而师悖"呢?这是因为秦焚书之后,学派传承断裂,古书不传,士子杂学各家之说。比如晁错学申、商刑名之术,又从伏生受《尚书》;韩安国"受韩子、杂家说";公孙弘少为狱吏,"年四十余,乃学《春秋》杂说",以儒术缘饰文法吏事;主父偃"学长短、纵横之术,晚乃学《易》、《春秋》、百家言"……因此司马谈对书不对人地谈论了各家治国的"要旨"。司马迁则要因人论学术要旨,或因学术宗旨相近而把不同人归入某一列传。刘向是校书之后写总结论学术,集为《别录》,对于残杂之书,他是新编为《战国策》《说苑》《新序》之类。其子刘歆则是要编一个总目录,他把诸子残杂之书定名为《儒家言》《道家言》《杂阴阳》《法家言》《杂家言》之类,最后有百八十九家,遂用"九流十家"分隶之。"六家""九流十家"的来源、应用还有很多不同。

当今的学者因为已经习惯了"六家""九流十家"等用法,因此自觉或不自觉地坚持要使用这个用法,甚至拿西方近现代哲学中也有"唯名论""唯实论""实证主义""实用主义""存在主义"等常见的名称来证明其合理性。要指出的是,这种概念化的名称虽然用起来很方便,但也有其弊端：一则有许多人拒绝承认别人给他强加的这些名称，如海德格尔；再则这种名称只能概括某些人思想中的一个方面，而许多哲人往往有多个思想面向，乃至有早期、晚期之别，如维特根斯坦（好比吴起既会用兵，又传《左传》，还主持变法）；次则比之于"××主义"，当前更多的是对单个著名哲人的专门研究，以及"新康德主义""新黑格尔主义"这些带有学术宗派性质的研究；最后要强调的是，笔者并不反对坚持使用"六家""九流十家"，关键是使用者应该对之有明确定义，不能含糊地用之来说明问题。与此同时，在重视师承为学派关键的前提下，同样可以再来专门研究各种学术界共同关注的热点问题。甚至因其源流分明，能讲得更好。比如讲人性论，孟子讲人性善，荀子讲人性恶，但荀子也有人性向善论和积善成性论[①]；韩非子自成一家，但是所讲人性论当有承于荀子，不过他只重视了人性恶的一面，没有人性向善论和积善成性论。再如阴阳思想，其实许多学派都有阴阳学说，银雀山汉简《曹氏阴阳》是有师承地讲阴阳思想者，但是还有其他学派也讲阴阳，而且宗旨不同。《曹氏阴阳》重视的是阴阳转化，《老子》重阴柔，《易传》重阳刚，还有人重视阴阳和谐。如《庄子·秋水》所说："师天而无地，师阴而无阳，其不可行明矣。"这些不同的思想，虽说可以以"阴阳家"方便称呼之，但是其思想来源、师承、各自的宗旨却绝不相同。与其在"阴阳家"之下分立重阴阳转化、重阴柔、重阳刚、重阴阳

[①] 参见刘又铭：《荀子的哲学典范及其在后代的变迁转移》，载《汉学研究集刊》，第3期（2006年12月）：33～54页。

和谐诸分旨，不如从师承、思想来源来讲阴阳思想。

　　西方的学者们，重视先秦与秦汉之间的断裂，观点更极端。虽然笔者对某些观念并不赞同，但是其中有一些说法值得中国学者注意。比如苏德恺(Kidder Smith)指出司马谈虽然谈到了"法家"，但是司马迁并没有使用之，以为这可以说明"六家"之说是汉代人的发明。[①] 不过笔者以为司马迁用"黄老道德"与"刑名法术"的关系表述申不害、韩非等后来被归入法家的学者[②]，符合他追踪思想源流的学术趣味。但是叶翰(Hans van Ess)之所以有公元前2世纪时黄老思想是主导思想的印象，实际上是因为司马迁自身的政治信念，以及他留了很多空间给黄老思想。[③] 齐思敏(Mark Csikszentmihalyi)和戴梅可(Michael Nylan)也赞同其说，并区分了两种黄老之学，一个是立足于马王堆黄老帛书之学，一个是立足于传世文献之黄老学，而且认为黄老只是经生在修辞上的对立者。黄老的类别并未先于司马迁之时而出现，司马迁回溯性地提及一系列人物并不表明真有内在一致的黄老思想。而《乐毅传赞》结尾的黄老师弟子谱，可能并非司马迁的原作，而是后人增补的[④]。

[①] 参见苏德恺(Kidder Smith):《司马谈所创造的"六家"概念》，见刘梦溪主编:《中国文化》，第7期，北京，生活·读书·新知三联书店，1993; "Sima Tan and the Invention of Daoism, 'Legalism' et cetera," *The Journal of Asian Studies*, vol. 62, no. 1 (February, 2003), pp.129–156.

[②] 《史记》说申不害"本于黄老而主刑名"，韩非"喜刑名法术之学，而其归本于黄老"。参见拙作:《道家与黄老辨义》，载《中国哲学史》，第1期(2012年)。

[③] See Hans van Ess, "The Meaning of Huang-Lao in Shiji and Hanshu," *Études Chinoises*, vol. 12, no. 2 (automne, 1993), pp. 161–177.

[④] See Mark Csikszentmihalyi and Michael Nylan, "Constructing Lineages and Inventing Traditions Through Exemplary Figures in Early China," *T'oung Pao*, vol. 89, no. 1–3(2003), pp. 59–99.

笔者不赞成怀疑《乐毅传赞》中的黄老师弟子谱，这个有学术师承渊源的黄老，和《史记》所说申不害"本于黄老"，韩非"归本于黄老"，慎到、田骈、接子、环渊"皆学黄老道德之术"等从宗旨而论的"黄老"，有所不同。申不害这些人都自成一家，而且有一些有明确可考的师承渊源，像韩非曾学于荀子（不过后来宗旨可以说不同），《庄子·天下》说田骈学于彭蒙（宗旨当接近）。我们看《史记》说孟子是"受业子思之门人"，可见自成一家者，也是可以说师承的。因此，谈田骈等时，讲其师承也是可以的。《史记》不谈，只能表明这里讲申不害、田骈等和"黄老"的关系，是谈的学术宗旨，而不是师承渊源。《史记》对于曹参所学的黄老之学，在《乐毅传赞》中就详细地记述了师承渊源，而申不害、田骈等和这个师承毫无关系，年代也要早。因此，同是"黄老"之学，一个谈的是宗旨，一个讲的是师承。[①]《法苑珠林》卷55引《吴书》阚泽对答孙权敕问云："至汉景帝，以黄子、老子义体尤深，改子为经，始立道学，敕令朝野悉讽诵之。"此处的"黄子"，应该就是《汉书·艺文志》的《黄帝四经》。因此，讲师承的"黄老"，是借助曹参以至汉景帝的推动，借助权力而兴起的思潮。而《史记》中"本于黄老""归本于黄老""皆学黄老道德之术"等语，讲的是学术宗旨，恐怕只是一种回溯性的说法，并不是真实的历史事实。

然则我们现在若将战国秦汉初期的一些简帛古书归为"黄老"学

[①] 卢生曾说秦始皇"今上治天下，未能恬淡"，恬淡出于《老子》，这可能也是一种黄老学说，参见拙作：《诸子百家的治术争鸣》，载《国学学刊》，第1期（2018年）。

派、"道家"、"法家",则这些名称即使能符合某些汉代人讲宗旨的习惯,也未必很符合先秦人和其他汉代人更重视的讲师承的习惯,不是穷源反本的学派属性判定。

见于战国时期的儒、墨之称,也存在类似的问题。它们有时指的是有学术师承渊源的学派,有时指的是学术宗旨意义上的学派,二者并不相同。战国时人更重视学术师承渊源这个意义上的学派。我们在讨论出土简帛古书时所谈的儒学或儒家,往往用的就是学术师承渊源这个含义,指的是孔子后学。其实《庄子·天下》篇曾说"其在于《诗》、《书》、《礼》、《乐》者,邹鲁之士,搢绅先生多能明之","邹鲁之士"指的是邹鲁之地的学者(或说孔子《论语·八佾》称孔子为"鄹人之子","鄹"同"邹")。这个地方虽多孔子后学,但是未必凡是儒生,就肯定是孔子之徒。《吕氏春秋·当染》载周平王使臣史角往鲁讲郊庙之礼,被鲁惠公留在鲁,"其后在于鲁,墨子学焉",而《淮南子·要略》说"墨子学儒者之业,受孔子之术",则《淮南子》所说"儒者"很可能要包括史角后人,由此可见熟悉《诗》《书》《礼》《乐》的"邹鲁之士",未必有统一的师承授受渊源,并不专指孔子后学。由此可知,出土简帛古书中有一些讲礼仪的篇章,或许并不是孔子后学的作品。

另外,一个大的学派往往分裂成几个学派,儒分为八,墨离为三。分裂后的诸派,往往以各自的小宗师为首,小团体之间则互相攻击,势如水火。这时在外人看来,虽然从学术师承渊源,至少从学术宗旨、兴趣、范围上讲,他们似乎仍然可以看作一个学派,但是在各自内部的学术师承渊源上，彼此早已不认为是同一个学派了。孔子身后有七十子携其门徒周游各地，老子的弟子关尹子、文子等也各成一家。余嘉锡先生曾指出："学有家法，称述师说者，即附之一家之中……其学虽出于前人，而更张义例别有发明者，则自名为一家之学。"①

因此，先秦秦汉时期的一个"学派"，应该是指有学术师承渊源的人所形成的一个团体，他们以宗师的学说主张为分门别户的标准（就极端的情况而言，一个人即使没有弟子，或虽曾有弟子但是弟子们后来尽弃其学，此人也可以视为自成一家）。许多学派的传承并没有一个固定的文本，只有不同弟子所记下或传述的先师之言，而且经典在传抄中也经常被改动（这也就是说，弟子可以在一定条件下发展新学说，如果尚不足以自成一家，则仍然算作原来的学派）。学派著作之总集，就是一家之书。当然，古书多单篇别行；在汉代被整理成的一家之书，或有佚失，或有误附，或因主题而被归入不同类别，和理想状态中的学派著作总集不完全相同。因此我们可以说出土战国典籍中有些书可能当归入某一学派或某一部书，比如子思子学派或《子思子》，但是不能说这些典籍一定见于《汉书·艺文志》中的《子思子》。

第二节　实际运用中的误区

以上谈的是"学派"，笔者据之认为对于先秦秦汉时期的学派，判定标准是学派师承渊源和师说。只有存在师承渊源并且称述师说者，才

---

① 余嘉锡：《四库提要辨证》，608 页，北京，中华书局，1980。

是某一学派的人。汉代经学的传授之中，师承渊源和师说正是立博士的关键，这当是源于先秦习惯。如果其学虽出自某一派，但是已经自成一家，那就不是原来学派之人了（当然，在必要的时候，还可以归入原学派之中。比如谈孔子后学时，七十子皆包括在内）。因此，对于出土的简帛古书，"六家""九流十家"等名称都太过笼统，不贴切，甚至不符合实际。以其宗师之名为学派命名才合适，如慎子学派、庄子学派，或孟氏之儒等。

"学派"之源流既明，我们就可以知道，有一些由后世命名的学派，可能并不合乎古代的习惯，如"思孟学派""稷下学派""道法家"等。"思孟学派"的问题我们已经讨论过，子思学派与孟子学派是并列的。因此，如果一定要称呼"思孟学派"，那很可能只宜于在一种意义上来说，才不致产生矛盾。那就是着重于子思的思想，以及孟子因袭其说的部分。这之中很大一部分，当主要就是荀子所说的关于仁义礼智圣五行的理论。而孟子与之不同的思想，像性善这些内容，就属于"更张义例别有发明者，则自名为一家之学"了。[①]至于"稷下学派"，虽然古代东西方也有以地域为学派之名者，但是我们一般都能根据名称知道其人物和思想主旨。而"稷下学派"人物不定，思想也不一致。"道法家"，或作为黄老的别名，其实所指对象和思想主旨也很不明确。

由"学派"的含义，我们也能明白，后世人所认为的一些学派所具

[①] 参见拙作：《古代中西方的"学派"观念比较——兼论"思孟学派"的问题》，载《中国哲学史》，第4期（2007年）。

有的标志性的思想特点，其实是源于模糊的学派区别之后的归纳，而且是屏蔽掉共性之后的排他性归纳，往往把"言公"的内容当作了一家之私意，因此多数是不可作为判定学派的根据的。譬如陈鼓应先生的"道家主干说"曾经很有影响，他认为："至少从周初开始，中国思想中就存在着两大传统，即自然主义的传统和德治主义的传统。这两种传统在春秋末期分别被老子和孔子系统化，从而开创了后来在中国思想史上产生重大影响的儒家和道家。儒家将重点放到了伦理、政治问题上，因而对自然天道方面的问题不甚感兴趣；道家大谈太一、有无之论，成为中国历史上第一个建立了系统宇宙学说的学派。以后中国思想史的宇宙论传统无一不从道家那里汲取了大量养料。"[1]其实先秦本来没有学术师承意义上的道家，何谈道家的特点呢？孔子后学、其他学派也有谈宇宙论的，怎么能肯定所有的宇宙论一定是从道家那里来的呢？再比如说睡虎地秦简《为吏之道》谈论到父慈子孝、主惠臣忠，有学者马上会调出儒家思想作为原型来思考问题，会认为凡是有这些思想的人，应该都属于儒家，或受到了儒家思想的影响。而实际上，孔子之前早已有了类似的理想，先秦诸子很多人在谈论社会人伦时，都复述了相近的话（这是"言公"），但是达到目标的手段不一致（这是"私意"）。[2]还需要注意的是，古人用来干世主的言辞，很可能和教授弟子的言论颇不一致，这只要看一看上博简《慎子曰恭俭》就会明白。无怪乎有些学者看到此篇的

---

[1] 陈鼓应：《〈象传〉与老庄》，见《易传与道家思想》，7页。
[2] 参见拙作：《从"六位"到"三纲"》，见《新出简帛的学术探索》。

内容后，会怀疑这个"慎子"应该是儒家。①

过去我们经常按思想特点来区分学派，这看似和师说相关，好像也兼顾了一点师承，其实并非如此。我们或许是受斗争哲学的影响，或因儒墨之相非、儒道之互黜的影响太深，往往以为不同学派的思想之间，处处有截然不同的立场，只有个别学派综合了诸家之说。其实古代人在不同的场合、面对不同的人，应该是像后来人一样，会有不同的言论，但多数都是一些常识性的看法和"言公"的内容。我们不能期望他们的一言一行都反映了学派的特点，他们只可能是在某些点上体现出了本学派的特色，成其为一家之言。《公孙龙子·迹府》所载公孙龙和孔穿的辩论，很好地说明了"一家之言"就只是某一个方面的特殊观点："龙与孔穿会赵平原君家……穿曰：'素闻先生高谊，愿为弟子久；但不取先生以白马为非马耳。请去此术，则穿请为弟子。'龙曰：'先生之言悖。龙之所以为名者，乃以白马之论尔。今使龙去之，则无以教焉……'"其实据《吕氏春秋·应言》记载，公孙龙对燕昭王讲过偃兵，《吕氏春秋·审应》则记载，公孙龙对赵惠王谈过偃兵要"兼爱天下"。"偃兵"之议，当时多有，"兼爱"之说，看似是墨家的思想，所以我们很少把这个作为公孙龙的特别思想。但是就公孙龙子学派而言，我们应该把这些内容和其名辩思想综合起来研究。

当然，上面所定义的"学派"，并不能涵括古代的所有问题。先秦

---

① 参见拙作：《上博简〈慎子曰恭俭〉管窥》，载《中国哲学史》，第 4 期（2008 年）。

秦汉时期有一些依托前贤如黄帝、伊尹的著作，理论上我们应该考察实际的师弟子之间的授受，而不能以为这个学派真以黄帝、伊尹为宗师。不过对于新出土简帛中的相近内容，我们似乎仍然可以归入此名之下。只不过托名黄帝的内容非常多，我们最好还能有所区分。先秦秦汉时期还有一些依托名人而另有内容的著作，如《管子》，有些篇章记有管子之事，有些篇章则没有记管子之事，而且彼此内容不同。这些篇章似乎应该分开看待，还有待具体研究。先秦秦汉时期还有一些可能是根据一定主题或名人搜集而成的书，如《晏子》，似乎也并非学派著作，但是类似的内容我们仍然可以归入理想状态中的《晏子》。先秦秦汉时期还有以赞助者为主名的著作，如《吕氏春秋》《淮南鸿烈》等，其既为一时汇聚之作，我们似不能视此类为学派著作集。

第三节　出土简帛古书的学派判定

弄清楚了"学派"，我们再来思考如何判定出土简帛古书的学派。

当前讨论简帛古书学派的方法，多是将这些佚籍中的章句或词汇、思想（包括特别的思想词汇）和传世文献中对应的内容做比较，根据传世文献的学派属性说明出土文献的学派属性；或者根据一些信息与古书或《汉书·艺文志》等的记载相比较，说明其学派属性。

比较两段文献相应的章句或词汇、思想的方法，有一定的作用，但恐怕还需要结合对应部分的质和量以及语境等因素来具体分析，否则容易产生问题。已经有学者提出了质疑，如刘笑敢先生指出在简帛考证中有使用类同举例法的现象，他反对"简单地依靠类同举例法来断定出土简帛的学派、作者和年代"。他所说的"类同举例法"，就是根据类同的章句或词汇来判断文本的学派（实际上也应该加入根据思想相近来判断学派）。这是一篇重要的反思方法论的文章，可惜很多问题没有展开。而且他谈得较多的是根据"类同"文献来"怀疑甚至断言甲书和乙书属于同一时代或同一作者或同一学派"[1]，但其实古来也有不少人根据"类同"文献来争论两种文献或几种文献之间是"引用"或"抄袭"的关系；而且有些"类同"文献是属于"言公"的内容，恐不能作为学派区分的标志。

无论如何，使用同一种文献比较方法，却可以得出不同的结论，说明应该对这个方法存疑，在使用时不可草率。不能根据自己所找到的"类同"文献，就匆匆立说，而应该注重分析"类同"文献的代表性等问题。针对简帛古书学派判定众说纷纭的现象，李存山先生就曾经提出要注意某一或某些证据是否只能推出一种结论（即自己所持的观点），或者说是否可以排除其他的结论和观点。就目前楚简研究的情况看，许多成果还属于"假说"的性质，凡"解说各异"者恐怕大多因证据不足而难成定论。[2]

至于根据一些信息与古书或《汉书·艺文志》等的记载相比较，虽

---

[1] 刘笑敢：《略谈简帛考证中"类同举例法"的局限性》，见艾兰、邢文编：《新出简帛研究》，413～415页。

[2] 参见李存山：《郭店楚简研究散论》，载《孔子研究》，第3期（2000年）。

然不乏成功的例子，但是也存在很大的问题。古书颇多佚失，我们对于战国时期思想状况的了解非常有限。我们实际上只不过是凭借几部古书，如《史记》，以及《孟子》《庄子》等子书，来理解甚至是推测、想象战国时候的情况，此中有很多我们不清楚的东西。不但战国时期思想状况的许多细节我们不清楚，就是学术中心与边缘的差别，当时人的思想习惯、学术制度等"常识"，我们也不清楚；甚至战国到秦汉这一时期发生了多么剧烈的变化，造成了怎样的影响，我们也不清楚；就是刘向、刘歆父子校书的细节，以及中秘书与外书的差别，今日所传之书与中秘书的关系，也有很多我们不清楚的环节。我们只不过是凭借有限的几部书，以管窥豹乃至捕风捉影罢了。我们要时刻反思、存疑，承认我们对于这一时段的认识的局限。《汉书·艺文志》所收书，相对于先秦秦汉而言，佚失或因故未收的有不少；而且其中许多书，经过了一定的整编；最大的问题是，如前所述，"九流十家"是刘歆的创制，并不能如实反映先秦"百家"的实际情况，我们即使找到了对应信息，也往往会在随后谈论学派时将刘歆的"九流十家"搬出来。

比如上博简中的《鬼神之明》篇，有不少学者认为此篇是《墨子》佚文。得出这种结论的主要原因不外是简文谈到了鬼神之明，这符合墨家的思想。而儒墨为先秦显学，墨家的材料应该在出土简帛中有所反映。其称《墨子》而不是《汉志》中墨家类的其他子书，自然是因为今天只有《墨子》基本保存了下来，与简文的词句以及思想有对应之处。

可是简文也说到"鬼神有所不明"，《墨子》虽然谈到了"善者或不赏",却并未涉及《鬼神之明》篇的"暴者或不罚"的问题。笔者曾指出《论衡·福虚》记载的《董子》佚文与简文相关:"儒家之徒董无心,墨家之役缠子,相见讲道。缠子称墨家佑鬼神,是引秦穆公有明德,上帝赐之九十〔十九〕年,(缠)〔董〕子难以尧、舜不赐年,桀、纣不夭死。"后来果然有学者据此认定《鬼神之明》属于董子佚文。[①] 然而问题并没有这么简单,董子的话属于机智的归谬和反驳,而不是像《鬼神之明》这样单独立论。又司马迁在《史记·伯夷叔齐列传》末尾对举颜回、盗跖之事,对天道的怀疑,和《鬼神之明》中的"鬼神有所明,有所不明"之说,如出一辙。难道我们要说司马迁是董子的后学吗?从各种文献所记载的孔子厄于陈蔡答子路论穷达的故事,以及《墨子》中的记载来看,"善者或不赏"早已为人所认识;"暴者或不罚"也将不久为人所体会。上博简《曹沫之陈》中,曹沫就说:"臣闻之曰:君子以贤称而失之,天命;以无道称而没身就死,亦天命。不然,君子以贤称,曷有弗得?以无道称,曷有弗失?"从曹沫所闻之语来看,"暴者或不罚"早就为人所认识了。《鬼神之明》得出"鬼神有所明,有所不明",司马迁怀疑天道,这些思想当早就为人所认识了,这些思想的源头似乎并不一定是某个著名的学派。

如果一定要说墨家在战国时代也很有影响,我们不必求助于出土了的墨家文献,把《鬼神之明》的作者看作"反墨者",甚至能更好地表

---

① 参见徐华:《上博简〈鬼神之明〉疑为〈董子〉佚文》,载《文献》,第2期(2008年)。

现出这一点。

再比如前面提及的《慎子曰恭俭》的例子，为什么有学者会认为这里的"慎子"是儒家，而不是法家的慎到呢？或许是因为受《汉书·艺文志》影响，认为法家和儒家的言论是截然不同的。可是简文确乎合乎慎到的思想，特别是提到了"势"。而且今存《慎子》佚文就有"《诗》，往志也；《书》，往诰也；《春秋》，往事也"①，这很可能是慎子教授弟子的内容。这些事实告诉我们，如果没有对儒家、法家两家抱有成见，这个问题是很容易解决的（即使按照传统意见，所谓法家吴起、韩非，也都和儒家有渊源关系）。当然，我们如果一定要假设先秦还有一个儒家的"慎子"，著作大多佚失了，而且儒家慎子的佚文羼入了法家慎到的《慎子》，似乎也说得过去。但是要得出这种观点所需要的假设太多了，不可信。

以上的举例，一个要求多保留一些可能性，一个反对保留其他可能性，看似相反，但其实目的是一样的，都反对搬出"六家""九流十家"的学派观念来看待新出土的简帛古书。

第四节 复杂化与阙疑

笔者认为，判定出土简帛古书的学派，要多从师承渊源和师说着眼，既从古书内容方面考虑这一点，也从有关的文献记载来寻找有关的线索。

---

① 阮廷焯：《先秦诸子考佚》，195 页。

比如《慎子曰恭俭》,此篇在引用"慎子曰"之后有"故曰"这样的解经体,慎子语中也谈到了"势"等和慎到思想相关的内容①,因此这一篇应该就是慎子学派的作品。

再比如《五行》,有学者认为《五行》虽然成书较早,但作者或非子思。其实只要我们能够确定荀子批判之语都确有所指,那么就有理由相信"子思唱之,孟轲和之"之说。当然,先秦诸子作品多数是学派之作,也由此而导致竹简与帛书《五行》有所不同,而且《五行》与《中庸》的核心思想也不完全一致。但今天,我们恐怕拿不出比荀子所见更有力的证据,来否认子思首唱仁义礼智圣五行之说。关于帛书《五行》所载的"传"文部分引有世子之语,较妥当的看法应该是作传者采世子之语作为传文的补充,世子本人与《五行》没有太大关系。②此外,荀子虽说过"子思唱之,孟轲和之",但是孟轲之和,未必是作传。即使确实是他作传(当前还缺乏足够的证据),这也是称引师说,恐不得视为自成一家。《五行》的传文以及帛书《德圣》,恐怕都应当视为子思学派的作品。

不过简帛本身和传世文献中可以利用的资料太少,所以有朋友质疑笔者把简单的问题复杂化了,并认为我们遇到的问题可能是和刘向、刘歆等遇到的差不多,我们并没有找到比他们更好的办法,只能遵循他们的老办法。也有朋友虽然赞同笔者反对"六家""九流十家",但是说在

---

① 参见拙作:《上博简〈慎子曰恭俭〉管窥》,载《中国哲学史》,第4期(2008年)。
② 参见拙作:《仁义礼智圣五行的思想渊源》,载《齐鲁学刊》,第6期(2005年)。

给学生上课的时候，"九流十家"还是得用，否则学生们难以更好地把握出土的简帛古书。

可是，前文说过，刘歆的"九流十家"是"诸子"下一级的纲目名称，其下仍有"诸子百八十九家"，诸子百家仍然在这里依稀保留着，为什么不可以撤掉"九流十家"这一级纲目名称呢？也许有人觉得少了"九流十家"这一级，诸子下面的细目太多了。可是如果我们看一看四部分类法中形成很晚的史部，就能知道现在之所以觉得不可行，只不过是因为书多了。但是先秦秦汉时期的人也会觉得诸子书太多吗？那时候个人所能保存的书并不多，虽然有"百家"之说，但是所举出来的人并不多，这很可能是因为可参考的书不多，惠子之书也只不过五车。刘向、刘歆父子是因为给皇家校书，才显得多。同是给皇家校书，《汉志》说："汉兴，张良、韩信序次兵法，凡百八十二家，删取要用，定著三十五家。诸吕用事而盗取之。武帝时，军政杨仆捃摭遗逸，纪奏兵录，犹未能备。至于孝成，命任宏论次兵书为四种。"张良、韩信就没有给兵书分类，到任宏才分为"四种"。也就是说，六艺之九种，诸子之十家，诗赋之五种，兵法之四种，数术之六种，方技之四种，这一级纲目名称，有一些是可以没有的，或者至少是可以改换为别的分类模式的。

之所以说"九流十家"还是得用，恐怕只是因为这个框架还深刻地影响着我们。其实我们都知道诸子和兵法、数术、方技本来是不可分割的，甚至从学术整体上来说，它们和六艺、诗赋也是不能分割的，《庄子·天下》篇就持这样的意见。《汉志》的分割是由于专家校书等造成的，引起了后世的不少争论。就是说，按照别的标准，我们也可以做不同的分类。譬如我们在儒法斗争和唯心唯物的框架下，也一定能划出一个诸子的分类。当然，如何找到一个更好的分类办法，还有待研究。

现在既然我们已经知道"九流十家"不符合先秦秦汉时期的"学派"观念，更知道"九流十家"是"百家"之上的一级纲目，那接下来的主要任务就应该是寻找出土简帛古书具体属于哪个百家学派了。但是由于资料缺少，目前实际能定案的古书并不多。不过不能定案，并不意味着我们简单定案就能解决问题，其实这正是我们需要阙疑的时候。我们不妨换个角度看，在先秦时期，这些简帛古书的作者或学派，肯定是有人知道的；如今我们不知道，就应该阙疑。

余嘉锡先生曾专门举秦始皇读《孤愤》《五蠹》不知其为韩非作，汉武帝读《子虚赋》不知其为司马相如作之例，说"非李斯与韩非同门，杨得意与相如同邑，熟知其事，竟无从得其姓名矣"，以之为"此皆古人著书不自署名之证也"①，这一点间接说明了考究古书学派之难。然而从余先生所举《诗经》等经书之例也可以看出，古书虽然不题撰人，但是作者或可见于书内，或有据《诗序》可考者（虽然不可尽信，但推想其初可考的作者，当更多。唯因流传久远，故有一些湮灭无闻或有传闻异辞。有一些辞赋作品序中乃至文中会有作者的信息，如银雀山汉简《唐勒》）。在一个学派内部，宗师作品或弟子各以所闻记录的宗师

---

① 余嘉锡：《古书通例·古书不题撰人》，见《余嘉锡说文献学》，181页，上海，上海古籍出版社，2001。

之语，撰人本非必需，因为从游者不至于数典忘祖。章学诚曾说："古人书不标名，传之其徒，相与守之，不待标著姓氏而始知为某出也。"[①] 学派间的交流，虽然有的俨若水火，像儒墨之互攻，其内部的小宗派之间的相黜，但是往往也有切磋琢磨的效果，使各自的观点、特色鲜明，当时人观书就可以论学派。

由近出楚简，可以推想当时文化发达地区学术信息交流之便捷，恐怕并不比后来魏晋之时差多少。据此言之，则学界中人，若不是乡间陋儒，必然能熟知天下文化名人。由《论语》来看，即便是隐士，也听说过孔子的言行。因此，孟子、庄子虽然生在同时而彼此书中均未言及对方，当是有一定的缘故的，不能说二人不知道对方的存在，至少庄子的好朋友惠施有机会和孟子共在魏廷。而且《齐物论》当前虽无法断定一定为庄子所作（其中所论物指关系，似可能与公孙龙相关，但公孙龙年岁晚于庄子很多），但庄子当有齐物的思想，《孟子·滕文公上》则说"物之不齐，物之情也"，虽然是在批评许行，但似乎也可以看作是孟子对所有和许行一样持有"齐物"思想之人的论战。

是故古书虽然不题撰人，但是博学通人有可能尚能知其作者、学派。一书远播，初传者应该尚知晓学派、作者等信息。古代有采诗之官，有瞽史，列国之中当也有主持学术之人，如守藏史、博士之类。齐宣王可能是因为好名而开设稷下学宫，战国四公子、吕不韦则养士，这

[①] 章学诚：《知非日札》，见《章学诚遗书》，401页，北京，文物出版社，1985。

些都促进了学术交流。不过秦禁游士,韩非之书传抄到秦国后,深宫之中的秦始皇,可能知道韩非,但未必知道《说难》是韩非所作,故需要李斯告诉他。汉初朝廷以黄老治国,景帝不好辞赋,司马相如游梁而作《子虚赋》,他的朋友辈邹阳、枚乘等肯定知道。汉武帝奖掖经学,诸子多依附诸侯王,所以汉武帝不知道《子虚赋》的作者也很正常。汉武帝的狗监杨得意或许并非学者,他知道《子虚赋》为司马相如所作,乃是因为"邑人司马相如自言为此赋"——所以古书中虽然不题撰人,但是作者仍然自表所作,有著作权意识(诸子虽"言公",但公言之下尚有私意)。秦始皇、汉武帝所问的人,乃李斯及狗监,多为近侍。如果广而问之,应该仍有知情者。所以虽然古书中不题撰人,但其作者、学派,仍然有迹可寻。《韩非列传》说"申子、韩子皆著书,传于后世,学者多有",则即便不题撰人,存其书的"学者"也知道是谁(或哪一派)的书。譬如司马迁论庄子,提及《渔父》《盗跖》《胠箧》,而这三篇并未提及庄子,倒是《胠箧》多以"故曰"引《老子》,很像解经体。司马迁以之为庄子作品,自然也是依据其所见所闻。

  其实,到了汉代,子书为学派著作总集的"理想状态"可能已经不能成立了。不仅《说剑》羼入了《庄子》(自苏轼后,多以为《说剑》篇中的"庄子"并非庄周),而且《鬼谷子》中也有《胠箧》篇,今存有佚文。司马贞《史记索隐》在《田敬仲完世家》中指出"庄周及鬼谷子亦云'田成子杀齐君,十二代而有齐国'"①,《长短经·反经》引有《鬼谷子》这一段的上下文②,《北堂书钞》卷一百四十八引《鬼谷子》佚文有"鲁酒薄而邯郸围",均与《庄子·胠箧》相近。之所以出现这种状况,当是因为秦火之后,学术传承断裂,传承子书者已经不能明晰学派,只能根据学术宗旨以类相从,或根据竹简汇集情况合编了。是故汉廷校书,虽然找博学通人及旁门专家,备一时之选,然而其时间在秦火之后,又加之年岁久远,所以出现了很多不知撰者名氏的学派,无法复原了。因此对于子书为学派著作总集的"理想状态",还应以先秦时期为准。

由此可知,今日所见的郭店、上博简中的古书,今人虽然因为不知其作者或学派而百般揣测,但墓主人至少传者很可能是知道的。譬如对于郭店楚简《性自命出》和上博简《性情论》,讨论其作者,有子游、子思、公孙尼子、世硕、子弓或其学派诸说,也有认为与荀子乃至道家、杂家有关者。其实我们能知道的是:《性情论》无子游之语,则《性自命出》的主体部分很可能与子游学派无关,最多恐怕只能说《性自命出》篇在流传过程中采纳了子游之语,可见子游的影响。此篇的主体部分应该早已经形成,但是在流传时出现了差异。而出现两个传本,则或能说明此篇较有影响且流传较广,其作者可能早已自立门户,可以自成一家。只可惜我们今天不知道这一学派的名称,还不能准确地称呼

---

① 司马迁:《史记》,1886 页,北京,中华书局,1959。
② "丛书集成初编"本 0596,68~69 页。

它,应该阙疑。

因此对于出土的简帛古书,我们首先要抛开"六家""九流十家"的框架,而直接用百家来考察其学派。如果参考信息不足以判断学派,那我们就阙疑,或许将来会出现有助于我们解决问题的新材料。即便有一些简帛古书的学派我们可能永远也不会知道,也应该尊重古代作者的著作权,不要随便张冠李戴。

附记:有关学派的问题,参见拙作《战国秦汉时期的学派问题研究》(北京师范大学出版社,2011年)、《人物、文本、年代——出土文献与先秦古书年代学探索》(中国人民大学出版社,2017年)。

图书在版编目（CIP）数据

出土文献的学派判定/李锐著.--北京：中国人民大学出版社，2023.9
（出土文献与早期中国思想世界/王中江主编）
ISBN 978-7-300-32189-9

Ⅰ.①出… Ⅱ.①李… Ⅲ.①出土文物-文献-研究-中国 Ⅳ.①K877.04

中国国家版本馆CIP数据核字（2023）第176484号

国家出版基金项目
出土文献与早期中国思想世界
王中江　主编
出土文献的学派判定
李　锐　著
Chutu Wenxian de Xuepai Panding

出版发行	中国人民大学出版社	
社　　址	北京中关村大街31号	邮政编码　100080
电　　话	010-62511242（总编室）	010-62511770（质管部）
	010-82501766（邮购部）	010-62514148（门市部）
	010-62515195（发行公司）	010-62515275（盗版举报）
网　　址	http://www.crup.com.cn	
经　　销	新华书店	
印　　刷	涿州市星河印刷有限公司	
开　　本	890 mm×1240 mm　1/32	版　次　2023年9月第1版
印　　张	6.25 插页3	印　次　2023年9月第1次印刷
字　　数	126 000	定　价　69.00元

版权所有　侵权必究　　印装差错　负责调换